SEXTAS COM O TRISTAN

COMPREENDER A PHDA NA PERSPETIVA DE UM MENTOR

Sextas com o Tristan
Publicado em Setembro de 2018 por Black Jack Books

©Graça da Câmara
SafeZone Counselling
szcounselling@gmail.com

Ilustrações de Ams Douse

Prefácio da Dra Madalena Bennett MBCHB, FRACGP, DCB

ISBN 978-0-9944802-9-3

Prefácio

Então, disseram-te que tens PHDA? O que é que isso significa? Como se ser adolescente não fosse já suficientemente difícil!

Ter PHDA pode fazer-te sentir diferente e pode até fazer-te sentir menos esperto que os teus colegas, mas é importante que saibas que não estás sozinho.

Este livro foi escrito por uma psicóloga carinhosa e visionária que trabalha com jovens com PHDA. Por causa das suas experiências com este distúrbio, ela tem um especial interesse e uma grande paixão pela PHDA. Neste livro, vais conhecer o Tristan, de 13 anos, com quem te poderás identificar, assim como o Xavier, de 17 anos que (de certa forma) 'já passou pelo mesmo'. Este foi diagnosticado com PHDA quando tinha 13 anos e agora é um ''Assistente de Colegas' na escola dele. Eles partilham as suas experiências de uma forma única.

Enquanto clínica geral (CG), conheci muitos adolescentes e famílias com experiências muito semelhantes às do Tristan e do Xavier. Quer estejas a começar o teu percurso com a PHDA e estejas ainda à espera de ser diagnosticado, quer estejas já a viver com um diagnóstico de PHDA, o teu médico de família pode ser uma fonte valiosa de orientação e apoio contínuo.

Até aqui, os teus cuidadores (pais, tios, avós) guiaram-te e protegeram-te e na maior parte das vezes tomaram muitas das tuas decisões. Então como poderão eles continuar a proteger-te e orientar-te, ao longo da tua transição para a idade adulta, com todos os seus desafios, ao mesmo tempo que lidam com as tuas dificuldades com a PHDA?

Neste livro, a Graça irá orientar-te gentilmente no teu percurso com a PHDA, com o Tristan no meio de tudo isto – zangado, aborrecido e a sentir-se muito só. O simpático e amável Xavier, que também tem PHDA, torna-se o 'Mentor' de que o Tristan precisa e ajuda-o a dissipar a ideia de que ter PHDA significa que se é 'estúpido' e 'preguiçoso'!

Ao longo do livro, o Xavier ajuda o Tristan a perceber a PHDA; ele apoia o Tristan à medida que ele se prepara para um possível diagnóstico de PHDA, ajudando-o a dar algum sentido à informação confusa e aos mitos em torno deste distúrbio. O Xavier lembra o Tristan que ele não está sozinho e que a PHDA está por todo o lado.

 Eu recomendo a não só retirares deste livro tudo o que considerares útil, mas também a partilhares o conhecimento e a promoveres-te a ti e a outros que enfrentem os mesmos desafios.

Talvez também tu possas ser um dia o Xavier de alguém!

Dra Maddie

Um grande agradecimento aos meus filhos e netos, vocês são o meu laboratório social, a fonte da minha inspiração e o meu mundo. Ao meu marido, obrigada pela tua natureza altruísta e por apoiares todos os meus sonhos.

Índice

Índice

Para o Leitor:

O objetivo deste guia é proporcionar-te informação sobre a PHDA e partilhar contigo uma perspetiva de um mentor sobre como é viver com PHDA.

A principal finalidade deste guia é que compreendas que ter PHDA não é motivo para teres vergonha. Não é simplesmente uma forma mais simpática de dizer que alguém é 'preguiçoso' ou 'estúpido'. A PHDA é um distúrbio real, que afeta muitas pessoas, mas este é controlável.

Todas as pessoas são únicas, quer tenham PHDA ou qualquer outro diagnóstico ou até mesmo nenhum diagnóstico. Nem tudo neste livro se aplicará a ti, mas de certeza que encontrarás algo com que te identificas. Poderás já ter um diagnóstico de PHDA, como o Xavier, ou poderás ser mais como o Tristan, que apenas está a começar o processo. A tua situação familiar e o teu historial pessoal poderão ser completamente diferentes tanto do Xavier como do Tristan. Mas algumas das suas experiências e desafios poderão ser semelhantes àqueles que estás a passar.

A mentoria, neste guia, refere-se a uma pessoa que ajuda outra a ultrapassar desafios. O mentor é geralmente mais velho e já passou pelos seus próprios desafios e usa o seu conhecimento para ajudar o seu mentorado. A ajuda pode ser na forma de um ouvido amigo, indicações de aconselhamento e outros serviços e partilha dos seus próprios desafios. Os mentores ajudam os mentorados a ultrapassar desafios, a desenvolver os seus talentos e a encontrar o seu lugar no mundo.

Este relacionamento depende da conexão e confiança estabelecida. Um mentor pode ser qualquer pessoa, desde um amigo da família ou professor, até um mentor ou conselheiro profissional, desde que o mentorado se sinta apoiado e encorajado. O Tristan conheceu o Xavier, que também tem PHDA, mas os mentores não terão obrigatoriamente de ter passado pelas mesmas dificuldades que tu. Qualquer pessoa com quem te sintas à vontade pode desempenhar o papel de mentor para ti.

Para todos aqueles que têm PHDA, espero que este livro vos ajude a aceitar o vosso diagnóstico e a seguir em frente, reconhecendo que a PHDA não vos define e que indivíduos de todos os estratos sociais partilham percursos e dificuldades semelhantes.

Leiam e assumam o vosso poder.

Graça

A PHDA de acordo com o Xavier

O que significa realmente para um adolescente ter PHDA?

Quero que saibas que ter PHDA não tem de interferir com a forma como queres viver a tua vida. Muitos adolescentes com PHDA cresceram e seguiram as suas paixões, vivem vidas felizes, têm famílias e têm sucesso nas suas carreiras. Atingiram esse sucesso porque dedicaram tempo a perceber como a PHDA os afeta e assumiram um plano de tratamento que funciona para si mesmos e para a sua situação concreta.

O meu nome é Xavier e eu fui diagnosticado com Perturbação de Hiperatividade com Défice de Atenção (PHDA) no ano em que entrei para o secundário.

Perguntava-me muitas vezes, "Porquê eu? Porque é que eu é que tinha de ter PHDA?" Sentia um sentimento de culpa, como se tivesse feito algo de errado. Agora já percebi que não tenho culpa de ter PHDA. Os estudos demonstram claramente que a PHDA é hereditária (deve-se à genética). A PHDA é um distúrbio cerebral e os sintomas apresentados estão associados a muitas áreas específicas do cérebro. Embora não haja uma cura conhecida para a PHDA, conhecemos muitas estratégias que podem reduzir o impacto da doença no nosso dia-a-dia.

Há uns meses, li esta explicação simples da sensação de ter PHDA. Imagina...

Quatro adolescentes posicionam-se para correr 1000 metros. Todos eles usam calções e sapatilhas, mas o quarto também leva uma mochila de 25 kg. Não deverá ser surpresa para ninguém que o quarto corredor provavelmente ficará para trás em relação aos outros. Agora, imagina que a mochila de 25 kg é transparente – ter PHDA é assim. Muitas vezes sinto-me envergonhado, estigmatizado, humilhado e isolado ao carregar este peso.

Eu sou esse corredor com a mochila e sei que poderei nunca ultrapassar os meus colegas, mas corro na mesma. A vida assim o exige. Podia ter optado por desistir, mas escolhi correr, mesmo sabendo que embora possa não ganhar, sairia definitivamente derrotado se não tentasse. A vida é feita de escolhas. É escolher viver a melhor vida possível, apesar de ter PHDA ou qualquer outro distúrbio.

No entanto, olhando para trás há várias coisas que eu gostava de ter sabido na altura em que me diagnosticaram. Acima de tudo, gostava que alguém me tivesse dito...

Não és 'Estúpido' e não és 'Preguiçoso'!

No meu primeiro ano do secundário, precisava do dobro do tempo dos meus colegas para fazer os trabalhos e a minha vida em casa muitas vezes mais parecia um campo de batalha. Às vezes sentia-me muito estúpido e achava que devia ser preguiçoso, caso contrário teria feito os meus trabalhos de casa sem os meus pais e professores terem de me andar a chatear. A dificuldade com os trabalhos da escola era provavelmente a pior parte de ter PHDA. É que eu queria mesmo impressionar os meus pais (especialmente o meu pai, que me comparava com o meu irmão mais novo, que é muito inteligente). Por muito que tentasse, não conseguia estar à altura das expetativas do meu pai.

Também gostava que alguém me tivesse dito porque é que eu tinha dificuldade em me concentrar. Descobri mais tarde que, às vezes, quando um estudante com PHDA está a tentar ouvir os pais ou os professores, é como se alguém estivesse a tentar enviar uma corrente elétrica por um cabo com más ligações. Nem todas as mensagens chegam ao destino e a mente vagueia. Podemos sonhar acordados ou distrair-nos facilmente. Isto põe-nos em sarilhos por 'não ouvir'.

Quando se tem um distúrbio como a PHDA, não se sabe o que é a atenção e concentração 'normal'. Assumimos que toda a gente se concentra da mesma forma que nós. É como ter um problema de visão. Não se sabe qual é o aspeto do mundo real até ser testado e usar óculos.

Não esqueçamos o lado positivo!

Não há dúvida de que viver com PHDA tem muitos desafios. Alguns desses desafios são negativos, mas nem todos. Quando identificares as tuas características positivas, criares o teu sistema de apoio e descobrires aquilo em que és bom, podes empenhar-te em esquecer a tua perceção de vergonha. Muitos de nós têm uma maravilhosa alegria de viver e são perseverantes – continuamos a tentar, mesmo quando é difícil. Somos resilientes, amáveis e temos facilidade em perdoar.

Descobre os teus interesses e os teus pontos fortes e foca neles os teus esforços. Aceita a tua PHDA! Goza a tua versão PHDA mais emotiva, distraída, natural, divertida, intuitiva, inspiradora, procrastinadora, apaixonada e imprevisível. Evita uma vida em que tentas não ter PHDA. Em vez disso, descobre uma em que podes ter PHDA, em que podes ser tu próprio, fazer o que te sai naturalmente, fazer aquilo que adoras e que te atrai.

Quando eu aceitei a minha PHDA, tornou-se mais fácil lidar com os desafios. Como não escondo a minha PHDA, não sinto vergonha.

Agora aproveito todas as oportunidades de me manifestar e defender crianças com PHDA.

Boa sorte na tua jornada com PHDA.

Xavier

CAPÍTULO UM

Porque Sou Diferente?

Muitas crianças com PHDA sentem vergonha de serem diferentes das outras crianças. Os adolescentes sentem isto de forma ainda mais intensa que os adultos. De acordo com o Dr Dodson (um psiquiatra especializado em adultos com PHDA), para muitas pessoas com PHDA a vergonha surge da incapacidade constante de estar à altura das expetativas de pais, professores, amigos e do mundo. As crianças querem desesperadamente enquadrar-se com os seus amigos e não gostam de tudo o que os faça sobressair ou que atraia atenções para eles mesmos. Para além das diferenças comportamentais que a PHDA possa gerar (como hiperatividade e impulsividade), há outras diferenças associadas à PHDA. Por exemplo, ter consultas médicas ou ajuda adicional na escola. A PHDA afeta os comportamentos de cada pessoa de forma diferente, mas o sentimento de vergonha é um tema comum nos adolescentes.

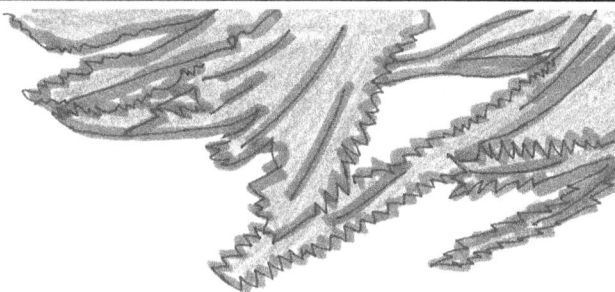

FACTO: Na Austrália, a componente relativa a Crianças e Adolescentes do Inquérito Nacional de Bem-Estar e Saúde Mental reportou que a PHDA está presente em 11% das crianças e adolescentes (Sawyer et al, 2000). Com a prevalência atual, é provável que haja crianças com PHDA em todas as escolas e instituições educativas e que os professores interajam diariamente com alunos com PHDA em muitos cenários, como salas de aulas, recreios e recintos desportivos. Por isso, é importante que os professores tenham uma boa compreensão dos desafios que os alunos com PHDA enfrentam. (Os estudos realizados até à data sugerem que, embora os professores tenham algum conhecimento sobre a PHDA, há lacunas nos seus conhecimentos, assim como algumas ideias incorretas).

A escola cria múltiplos desafios para crianças com PHDA. As tarefas que estes alunos consideram mais difíceis – ficar sentado, ouvir em silêncio, concentrar-se – são aquelas que lhes são exigidas durante todo o dia. Talvez ainda mais frustrante seja o facto de a maioria destas crianças querer ser capaz de aprender e comportar-se como os seus colegas sem este problema. Elas não querem destacar-se ou ser diferentes. São défices neurológicos, e não a falta de vontade, que impedem as crianças com distúrbio de défice de atenção de aprender de formas tradicionais.

Especialistas, como o Dr William Dodson, um dos melhores na área da PHDA em adultos, estima que quando uma criança com PHDA atinge os doze anos, ele/ela já terá recebido mais de 20.000 mensagens negativas do que os colegas neurotípicos. A luta diária para provar o seu valor pode fazer com que adolescentes com PHDA questionem se serão capazes de ter sucesso na escola e não só. Este medo de não estar à altura é mais intenso nos indivíduos com PHDA.

Infelizmente, as crianças com PHDA podem ser massacradas por adultos (incluindo professores e pais) por falta de esforço. Alguns adultos poderão até dizer coisas como "És preguiçoso" e "Não te esforças o suficiente". Sabemos que estas afirmações não são verdadeiras, mas ainda assim fazem com que as crianças se sintam mal consigo mesmas.

A PHDA atua como uma lupa, intensificando cada desafio que um adolescente enfrenta. Em vez de lidar com as exigências e pressões que enfrentam de pais e professores, muitos adolescentes lidam com este stress de forma diferente e menos óbvia. Eles optam por sair de vez de competição e deixam de se esforçar pelo sucesso escolar (Price, A., 2017).

As crianças com PHDA são constantemente corrigidas pela sua impulsividade, hiperatividade ou falta de atenção. Ao longo do tempo, essas críticas acumulam-se e lentamente comprometem a confiança e a autoestima da criança (a capacidade de lidar com os desafios básicos da vida e a sensação de merecer ser feliz).

Os investigadores dizem-nos que quando se pergunta a adultos com PHDA como é que suportaram o problema, estes dizem frequentemente 'Alguém acreditava em mim'. Esse 'alguém' era na maior parte das vezes um ou ambos os pais, mas a segunda pessoa mais frequente era um professor. Um professor que entenda a PHDA e as dificuldades de aprendizagem pode fazer uma diferença significativa nas vidas das crianças. Seja esse professor inspirador de que os seus alunos se lembrarão na idade adulta.

"Se uma criança não consegue aprender da forma como ensinamos, talvez devamos ensinar de forma a que ela aprenda."

– Ignacio Estrada

Conclusão: Ter sucesso na escola é uma das coisas mais benéficas que pode acontecer a uma criança! Pais e professores devem trabalhar juntos para ajudar cada criança a ter bons resultados na escola e a atingir o seu máximo potencial. Faça a si mesmo esta pergunta: Serão as minhas expetativas para o meu filho/ aluno com PHDA realistas?

> **Todas as pessoas são génios, mas se julgar um peixe pela sua capacidade de trepar a uma árvore, ele viverá toda a sua vida achando que é estúpido.**
>
> Albert Einstein

CAPÍTULO DOIS

O que é PHDA?

O Tristan chegou pontualmente e parecia entusiasmado, mas ligeiramente apreensivo em relação à reunião. Ele estava especialmente curioso sobre o nome na porta e queria saber o que eu fazia ali.

Tris: Então, o que fazes aqui?

Xavier: Sou um Mentor, o que significa que ajudo miúdos que possam estar a passar um mau bocado.

Tris: Que sorte a minha então, por ter deixado cair o meu telemóvel!

Xavier: Bem, suponho que sim! Já agora, lembras-te de te ter dito que conhecia um miúdo que era muito parecido com a forma como te descreveste ontem?

Tris: Sim, lembro. Quem é?

Xavier: Bem, esse miúdo era eu há quatro anos!

Tris: Não pode! Eras mesmo um falhado como eu?

Xavier: Não, não era que eu fosse um falhado; só encontrei algumas dificuldades e tinha dificuldade em me enquadrar. Então, como foi o teu dia?

Tris: Bem, hoje foi um dia mau para mim. Aliás, a maioria dos dias são maus! Fui repreendido pela Mrs Smart, tive dificuldades a Inglês e não tive ninguém com quem andar durante a hora do almoço. A minha cabeça tem andado todo o dia como o 'ciclo de centrifugação' de uma máquina de lavar; tantos pensamentos a passar-me pela cabeça... E agora ainda por cima tenho que ir a um médico qualquer. A Mrs Smart disse à minha mãe que eu tinha algum problema. Ela acha que eu tenho PHDA – o que quer que isso seja!

Xavier: PHDA! Isso é chato. Também tenho PHDA.

Tris: Tens mesmo PHDA? Eu pensava que era o único que tinha na escola toda! Foi a Mrs Smart que te disse que tinhas PHDA?

Xavier: Não, o Mr. Bighead disse aos meus pais que havia algum problema com a minha capacidade de concentração; que eu falava sem ser na minha vez, que interrompia e que precisava de me esforçar mais.

Tris: Mesmo! Se a PHDA é isso, então eu não posso ter PHDA. A Mrs Smart disse à minha mãe que eu estou sempre a sonhar, não acabo as tarefas e que me distraio facilmente.

Xavier: Esses problemas também são comuns à PHDA; são só de outro tipo.

Tris: O que queres dizer com 'tipo'? E como é que sabes isso tudo? Eu tenho um cão e o nome dele é Amigo.

Xavier: Que sorte a tua! Eu sempre quis um cão, mas não permitem animais de estimação no nosso apartamento.

Eu conheço os diferentes tipos de PHDA porque fui diagnosticado há quatro anos. Disseram-me que tinha um tipo combinado, o que significa que tenho sintomas de Desatenção, Hiperatividade e Impulsividade.

Tris: Se eu tiver PHDA, será que o meu médico me vai dizer de que tipo é?

Xavier: Os médicos são todos diferentes. Alguns só dizem que tens PHDA e não explicam grande coisa. No meu caso, como na altura não sabia grande coisa sobre PHDA, a minha mãe é que falou mais e ela perguntou ao Dr Cool qual era o tipo que eu tinha. Se quiseres, posso ajudar-te a saber mais sobre a PHDA.

Tris: Fazias mesmo isso por mim?

Xavier: Claro, amigo! Que tal se nos encontrássemos durante o resto do período da escola todas as sextas-feiras das 15:00 às 15:30?

Tris: Por mim tudo bem! A essa hora na sexta então.

FACTO: PHDA significa Perturbação de Hiperatividade com Défice de Atenção. O termo é usado amplamente para incluir todos os indivíduos com défice de atenção, mesmo aqueles que não são hiperativos. O Manual de Diagnóstico e Estatística das Perturbações Mentais (DSM-5) lista três subtipos de PHDA:

- PHDA predominantemente hiperativa e impulsiva
- PHDA predominantemente desatenta
- PHDA de tipo combinado

Tipicamente, os sintomas de PHDA surgem em tenra idade. De acordo com o DSM-5, devem estar presentes vários sintomas antes dos doze anos. Ao fazer o diagnóstico, as crianças até aos dezasseis anos devem ter seis ou mais sintomas do distúrbio presentes; os adolescentes (dezassete ou mais) e os adultos devem ter pelo menos cinco dos sintomas. Segue-se um resumo de cada subtipo, adaptado do DSM-5.

PHDA do tipo predominantemente hiperativo-impulsivo

- Brinca com as mãos ou pés, ou contorce-se na cadeira
- Tem dificuldade em permanecer sentado
- Corre ou trepa excessivamente (nas crianças); inquietação extrema (nos adultos)
- Dificuldade em participar calmamente em atividades
- Age como se fosse alimentado por um motor
- Fala em demasia
- Deixa escapar respostas antes que as perguntas sejam concluídas
- Dificuldade em esperar ou aguardar a sua vez
- Interrompem ou intrometem-se na vez dos outros

PHDA do tipo predominantemente com falta de atenção

- Não presta atenção a pormenores ou comete erros descuidados
- Tem dificuldade em manter a atenção
- Não parece ouvir
- Tem dificuldade em seguir instruções
- Tem dificuldade em ser organizado
- Evita ou não gosta de tarefas que exijam a manutenção de esforço mental
- Perde coisas
- Distrai-se facilmente
- É distraído nas atividades diárias

PHDA de tipo combinado

- O indivíduo cumpre os critérios de apresentação de PHDA tanto de desatenção como de hiperatividade e impulsividade.

É importante notar que as dificuldades acima referidas não são exclusivas de pessoas com PHDA. Muitas pessoas sem PHDA também têm por vezes dificuldade em prestar atenção, ouvir ou esperar a sua vez. No entanto, indivíduos com PHDA têm quase sempre dificuldades nestas áreas, o que leva a restrições no seu funcionamento.

Gravidade dos sintomas: Os sintomas de PHDA afetam cada pessoa em diversos graus. Os clínicos podem designar a gravidade da PHDA como 'ligeira', 'moderada' ou 'grave' (DSM-5).

Ligeira: Presença de poucos sintomas para além do número necessário para o diagnóstico e sintomas que resultam em reduzida disfunção em cenários sociais, escolares ou profissionais.

Moderada: Presença de sintomas ou debilitação funcional de grau 'ligeiro' a 'grave'.

Grave: Presença de muitos sintomas para além do número necessário para fazer um diagnóstico; vários sintomas particularmente graves; ou sintomas que resultam em acentuada disfunção social, escolar ou profissional.

À medida que os indivíduos envelhecem, os seus sintomas podem diminuir, alterar ou assumir formas diferentes. Por exemplo, durante a adolescência, os sinais de hiperatividade (p.e., correr e trepar) são menos comuns e podem ser reduzidos a inquietação ou sensação interior de agitação ou impaciência.

A PHDA é mais do que mero Défice de Atenção!

MAIS FACTOS: A PHDA é um distúrbio neurobiológico (cérebro) com causas genéticas e ambientais que tem impacto sobre o desempenho (Barkley, Russell A., 2013). Este distúrbio muitas vezes deixa os pais e professores desconcertados quando as crianças com PHDA, incluindo aquelas que são intelectualmente dotadas, obtêm notas baixas na escola.

O atual entendimento é que défices nas 'Funções Executivas' (FE) (competências mentais necessárias para prossecução de objetivos), que dificultam a obtenção de bons resultados na escola e do ponto de vista social, são a principal lacuna na PHDA.

O Dr Russell Barkley, que tem estado na vanguarda da exploração das relações entre PHDA e FE, diz que as FE colocam um problema maior em realizar as atividades embora o indivíduo saiba o que tem a fazer. É uma questão de desempenho versus conhecimento (distinção). Dado que o funcionamento executivo e a PHDA estão intimamente ligados, as crianças com PHDA (por muito que se esforcem) irão ficar aquém das expetativas e enfrentar as seguintes dificuldades:

- Controlo de emoções
- Passagem de uma tarefa para outra
- Fraca memória operacional
- Capacidade de recordar e seguir instruções com múltiplos passos
- Manutenção de um determinado rumo
- Planeamento e organização de materiais e tarefas

- Equilíbrio de afazeres, tais como atividades desportivas e exigências académicas
- Conclusão atempada de tarefas
- Aplicação de informação previamente aprendida para resolver problemas
- Solicitação de ajuda ou de mais informações, quando necessário
- Automonitorização

À medida que o cérebro continuar a desenvolver-se, os sintomas dos problemas de funcionamento executivo poderão mudar. A intervenção precoce é sempre melhor, já que pode ajudar o indivíduo a encontrar formas de usar os seus pontos fortes para colmatar as fraquezas. Contudo, uma vez que o cérebro continua a desenvolver-se até à fase jovem adulta, a intervenção pode ser útil em qualquer idade.

As seguintes componentes das FE são adaptadas do trabalho de Barkley (2012) e Brown (2005).

- **Controlo de impulsos:** é a capacidade de uma criança de parar e pensar antes de agir. A impulsividade pode ser um sintoma de PHDA. As crianças que têm problemas de controlo de impulsos podem deixar escapar pensamentos sem pensar. Podem ter comportamentos inseguros sem os ponderar. Também podem deixar tarefas inacabadas para ir ter com amigos e ter dificuldade em seguir regras de forma consistente.

- **Controlo emocional:** é a capacidade de uma criança de gerir os seus sentimentos focando-se no resultado final ou objetivo. Crianças que têm dificuldades de controlo emocional são frequentemente mais sensíveis a críticas. Também poderão reagir de forma desproporcional a pequenas injustiças e ter dificuldade em separar emoções e ações.

- **Flexibilidade:** é a capacidade de uma criança de se adaptar às adversidades e identificar novas abordagens quando um plano falha. As crianças inflexíveis pensam de formas muito concretas. Não veem as outras opções ou soluções. Têm dificuldade em mudar de rumo.

- **Memória operacional:** é a capacidade de uma criança de reter informação sobre a sua mente e usá-la para concluir uma tarefa. Crianças com fracas competências de memória operacional têm dificuldade com tarefas multipassos. Têm dificuldade em recordar instruções, tirar notas ou compreender algo que lhes seja simplesmente explicado.

- **Automonitorização:** é a capacidade de uma criança de acompanhar e avaliar o seu desempenho em tarefas habituais. As crianças com problemas de automonitorização têm falta de autoconsciência. Não sabem se as suas estratégias estão a funcionar. Podem até nem se aperceber de que têm estratégias. Geralmente não sabem como verificar o seu progresso.

- **Organização:** é a capacidade da criança de monitorizar informações e coisas. As crianças com problemas organizacionais estão constantemente a perder coisas ou a deixá-las em sítios indevidos. Não conseguem encontrar uma forma de se organizarem, mesmo quando há consequências negativas da sua desorganização.

- **Planeamento e estabelecimento de prioridades:** é a capacidade de uma criança de identificar os passos necessários para atingir um objetivo e decidir a sua ordem de importância. As crianças com fracas competências de planeamento e estabelecimento de prioridades poderão não saber como dar início a um projeto. Poderão ficar facilmente assoberbadas ao tentar repartir as tarefas em atividades mais pequenas e fáceis de gerir. Poderão ter dificuldade em perceber a ideia geral.

- **Iniciação de tarefas:** é a capacidade de uma criança de dar início a qualquer coisa. As crianças com esta capacidade reduzida muitas vezes têm também dificuldade em planear e estabelecer prioridades. Sem ter um plano para uma tarefa, é difícil saber como começar. As crianças com problemas de iniciação de tarefas podem ser percebidas como 'preguiçosas' ou como 'procrastinadoras'. Mas muitas vezes elas estão só de tal forma assoberbadas que bloqueiam e não fazem nada.

Se tens alguma destas dificuldades, poderás sentir-te angustiado, mas há estratégias que podes aprender para te ajudar a gerir os teus desafios da PHDA. Fala com os teus pais e mantém-te aberto a procurar e aceitar ajuda.

"Eu não interrompo as pessoas de propósito. Só me lembro de coisas de repente e fico mesmo entusiasmado."

Anónimo

Conclusão: **A PHDA tem muitos aspetos que criam um impacto diferente nas crianças. Infelizmente, a PHDA raramente existe de forma isolada, sendo que a maioria das crianças tem pelo menos um outro distúrbio. Estima-se que aproximadamente dois terços das crianças com PHDA tem pelo menos um outro distúrbio mental e cerca de dez por cento tem três ou mais distúrbios. O distúrbio coexistente tem uma influência significativa na forma como os sintomas da PHDA afetam a disposição, o comportamento e o funcionamento académico. O tratamento irá variar consoante o distúrbio secundário.**

> **Os miúdos com PHDA precisam de alguém do seu lado. Mesmo que nem sempre tenhas a resposta, podes ser essa pessoa.**

Como se diagnostica a PHDA?

O Tristan chegou de bom humor e disse-me que tinha tirado um 'Muito Bom' num teste de matemática. Ele estava especialmente satisfeito porque a nota dele foi mais alta que a do rapaz mais inteligente da turma. Além disso, como recompensa, a Mrs Smart tinha-lhe dado um vale para a cantina da escola.

Tris: A minha mãe marcou uma consulta com o Dr Brainy. Ele parece ser muito ocupado e só nos pode atender daqui a oito semanas. Se alguém cancelar, a minha mãe diz que lhe ligam. Também tiveste de esperar tanto tempo para ir ao Dr Cool?

Xavier: Não me lembro exatamente quanto tempo esperei, mas tenho ideia de que as pessoas esperam entre quatro a doze semanas para ir a um pediatra como o Dr Cool – um médico especializado em trabalhar com crianças até aos dezoito anos.

Tris: Há alguma coisa que eu e a minha mãe possamos fazer enquanto esperamos?

Xavier: Sim! Já começaste – estás a aprender o máximo que consegues sobre a PHDA! Todos os meses a minha mãe vai a um grupo de apoio para pais de crianças com PHDA. Vou saber mais informações sobre isso, caso a tua mãe queira ir. Já agora, a tua mãe sabe que estás a ter estas reuniões comigo?

Tris: Não! Não contei a ninguém. Mas já tinha pensado se podia trazer a minha mãe comigo um dia destes. Talvez ela consiga sair do trabalho mais cedo na sexta! Não te importavas? Mas ainda não!

Xavier: Claro, na boa! Depois diz-me quando vai ser. O plano é conseguirmos reunir um total de oito sextas-feiras. Podes decidir quando queres que a tua mãe venha.

Tris: Acho que ela vai ficar super feliz por saber que me estou a encontrar contigo. E então, que mais é que o Dr Cool te disse para além do teu tipo de PHDA e de te receitar medicação?

Xavier: Lembro-me de ele me dizer que há muitas crianças na Austrália com PHDA. Ele disse que provavelmente havia outras crianças na minha escola que também tinham PHDA.

Tris: Pois claro! Creio que sou um deles! Será que há mais?

Xavier: Agora já conheço pelo menos mais cinco. Um deles vem conversar comigo quando precisa; os outros não sei, mas a minha mãe conhece as mães deles porque elas vão todas ao mesmo grupo de apoio.

Tris: Já agora, de que é que eles falam no grupo de apoio para pais?

Xavier: Não sei bem! Mas acho que é mais para se apoiarem uns aos outros com informações e recursos, para que possam depois ajudar-nos a nós.

Tris: Ok! Tenho andado a pensar, será que só os rapazes é que têm PHDA?

Xavier: Claro que não. Rapazes e raparigas podem ter PHDA. As raparigas podem não ser diagnosticadas tão cedo quanto os rapazes, porque muitas vezes não perturbam tanto e não chamam tanto a atenção dos professores como tendo problemas graves. Li nalgum lado que três rapazes, para uma rapariga, são diagnosticados com PHDA.

Tris: Chiça! São muitos rapazes! Uau, já são 15h30... O tempo passa tão depressa aqui. Encontramo-nos para a semana à mesma hora. Adeus!

Xavier: Adeus! Tem um bom fim de semana.

> Bom fim de semana!

FACTO: A PHDA é um diagnóstico relativamente comum, mas isso não significa que deva ser levado menos a sério. A PHDA pode ser comparada a um iceberg: a maioria dos problemas estão escondidos abaixo da superfície e apenas a ponta do problema é visível (Zeigler, A. 2011). Tipicamente, professores e pais veem a ponta óbvia primeiro – os problemas de comportamento, como o facto de não acabarem os trabalhos de casa, as conversas de fundo e a tendência para discussões.

No entanto, para muitas crianças este distúrbio é muito mais complexo. A escola pode ser incrivelmente difícil devido a falta de atenção, impulsividade, défices de funcionamento executivo e outros problemas graves de aprendizagem. Lembra-te que até dois terços das crianças com PHDA têm pelo menos uma outra perturbação diagnosticável, que muitas vezes tem um impacto significativo no trabalho escolar.

Tendo em conta que não há nenhum teste único e definitivo de diagnóstico para a PHDA – não há análises de sangue, exames ao cérebro, rastreios genéticos – o diagnóstico de PHDA não deve ser uma tarefa rápida ou simples.

Frequentemente o diagnóstico de PHDA começa com um momento 'Aha', quando os pais se apercebem que os desafios do seu filho podem ser causados por PHDA ou por outro distúrbio de base biológica. Este momento de revelação pode surgir quando um professor exprime preocupação com o comportamento perturbador da criança na aula ou com o seu atraso académico. O que quer que desencadeie um momento de revelação, é necessário abordar o problema e procurar ajuda. Sem um diagnóstico rápido, os indivíduos com PHDA serão provavelmente rotulados de 'preguiçosos', 'irresponsáveis' ou pior. Esses rótulos prejudicam a autoestima e podem levar a anos de insucesso e tumulto familiar.

Na Austrália, este momento de revelação tem de ser seguido por uma consulta com o Médico de Família (MF), para que seja discutido e para que haja uma referenciação por escrito para um Pediatra ou Psiquiatra Infantil (idealmente um que tenha interesse em PHDA). Nem todos os MF têm formação sobre as complexidades da PHDA e das suas perturbações sobrepostas, mas podem facilitar a gestão do distúrbio. Os profissionais formados no diagnóstico de PHDA fazem exames rotineiros destes problemas e estão preparados para realizar a avaliação aprofundada necessária.

Diagnosticar a PHDA

Ao fazer um diagnóstico rigoroso, um especialista deverá primeiro determinar se uma criança tem os sintomas de PHDA apresentados no Manual de Diagnóstico e Estatística das Perturbações Mentais - Quinta Edição (DSM-5). De acordo com as orientações do DSM-5, para ser diagnosticada com PHDA, uma criança deve ter pelo menos seis dos nove sintomas de desatenção e/ou hiperatividade/impulsividade antes dos doze anos. Adicionalmente, estes sintomas devem estar a causar problemas no funcionamento da criança em mais de um ambiente – casa, escola ou trabalho.

Embora o DSM-5 defina as bases para um diagnóstico de PHDA, há muito mais envolvido na obtenção de um diagnóstico rigoroso. Para além de reverem estes critérios, os médicos devem realizar uma cuidadosa entrevista clínica. Thomas Brown, professor adjunto de psiquiatria, diz que "A entrevista clínica é a base de qualquer avaliação; quanto mais informações se obtiver de diferentes fontes, melhor." Os indivíduos diagnosticados com PHDA geralmente têm uma série de outros distúrbios para além da sua PHDA (Barkley, 2006; Brown, 2011). Cerca de 87% das crianças com diagnóstico clínico de PHDA podem ter pelo menos um outro distúrbio e 67% têm pelo menos duas outras perturbações (Kadesjo & Gillberg, 2001). Os resultados para os adultos com PHDA são quase tão elevados, sendo que mais de 80% têm pelo menos um distúrbio e mais de 50% têm dois ou mais (Barkley et al., 2008). Os distúrbios com maior probabilidade de ocorrência conjunta com a PHDA incluem:

Perturbações Disruptivas do Comportamento: Mais de 50% das crianças com PHDA cumprem os critérios de uma perturbação disruptiva do comportamento (MTA Cooperative Group 1999). Mesmo na ausência de um diagnóstico completo, as vidas de muitas crianças com PHDA são atormentadas por mentiras, desacatos, culpabilização de terceiros e revolta constante. As três condições que comprometem as perturbações disruptivas do comportamento são: transtornos de oposição, de conduta e antissociais.

Transtornos de Ansiedade e Humor: Os transtornos de ansiedade ocorrem em 34% das crianças com PHDA (MTA Cooperative Group 1999), mas, de acordo com Bernstein e Layne (2004), metade destas crianças nunca fala disso aos pais. Estes indivíduos são dominados, na maior parte dos dias, por preocupações dolorosas sem estímulos óbvios. As crianças poderão parecer irritadiças, ansiosas, tensas e ter problemas com o sono. Também poderão sentir ataques de pânico.

Em relação aos transtornos de humor, de acordo com Brown, T (2000), entre 15% e 75% dos indivíduos com PHDA poderão ter um transtorno de humor. Vale a pena realçar que, apesar de as crianças com PHDA poderem ter breves momentos de depressão, elas fluem

com o ambiente em que se encontram, enquanto as crianças deprimidas permanecem deprimidas durante períodos de tempo maiores. Os sintomas incluem perda de alegria, tristeza, irritabilidade generalizada, introversão e visão crítica de si mesmo. Os problemas de sono são um sintoma de destaque tanto nos casos de depressão como de ansiedade.

Distúrbios de Tique e Síndrome de Tourette: A PHDA ocorre frequentemente em simultâneo em crianças com Síndrome de Tourette. Menos de 10% dos indivíduos com PHDA têm Síndrome de Tourette, mas 60% a 80% das crianças com Síndrome de Tourette têm PHDA. O diagnóstico de PHDA geralmente precede o início dos tiques motores ou vocais da Síndrome de Tourette, embora por vezes estes possam ocorrer em simultâneo. Algumas crianças com PHDA podem desenvolver um distúrbio com um simples tique motor (tossicar, fungar, piscar os olhos, alongar o pescoço) que surge durante o seu tratamento para a PHDA. Apesar de estes dois distúrbios parecerem estar temporalmente associados, a maioria dos especialistas acredita que a ocorrência simultânea é, na maioria dos casos, pura coincidência e que não é provocada pela PHDA ou pelo seu tratamento (DSM-5).

Avaliação da PHDA em Crianças

•**Duração:** Uma consulta inicial poderá demorar entre trinta minutos e uma hora, ou mais. Este período de tempo deve ser passado com a criança e com os pais, procurando sinais de PHDA e possíveis explicações para os sintomas. O médico poderá também preparar testes de inteligência ou de memória.

•**Questionários:** Deverá ter de preencher questionários, listas de verificação e/ou escalas de classificação de PHDA. Pais, professores e cuidadores também deverão preenchê-los. Quanto mais informação se obtiver, maior será a precisão do diagnóstico.

•**Exame médico:** Isto deve incluir uma análise a problemas de audição e visão para excluir causas físicas dos sintomas.

•**Histórico social:** Mudaram muitas vezes de casa? Há desafios financeiros na família? Há algum membro da família doente? Estes e outros fatores podem deixar a criança ansiosa – e isso poderá provocar comportamentos semelhantes aos da PHDA.

•**Histórico familiar:** A PHDA é hereditária, por isso o médico poderá fazer perguntas aos pais sobre a sua própria saúde mental. De acordo com o Dr Dodson, um psiquiatra especializado em adultos com PHDA, "Se um dos pais tiver PHDA, há uma probabilidade de 50-50 de o filho ter também. Se ambos os pais tiverem PHDA, isso será um fator determinante."

•**Histórico de sintomas:** Uma criança tem de exibir pelo menos seis dos nove sintomas de desatenção e/ou hiperatividade/impulsividade antes dos doze anos para poder ser diagnosticada com PHDA (DSM-5). Adicionalmente, os sintomas devem ser apresentados em mais do que um ambiente (escola, casa, trabalho), ao ponto de os sintomas afetarem o funcionamento normal.

Harold Meyer, fundador do 'The A.D.D. Resource Centre', sugere as seguintes dicas para a preparação de uma avaliação abrangente e responsável da PHDA:

•**Sê específico ao descrever os teus problemas:** Discute com os teus pais as preocupações que queres abordar na tua consulta. Por exemplo, "Não consigo seguir instruções", "Eu faço os trabalhos de casa, mas depois perco-os", "Eu fico zangado e culpo os outros".

- **Discute a tua perspetiva sobre medicação com os teus pais antes da tua consulta:** Se não quiseres tomar medicação, apresenta logo no início as tuas preocupações e pergunta ao teu médico se pode recomendar-te outras opções de tratamento. A decisão de tomar medicação é totalmente tua e dos teus pais. Se o teu médico te passar uma receita, apesar da tua aversão a medicamentos, não tenhas medo de consultar outra pessoa para ter uma segunda opinião! Se tiveres decidido tomar medicação, lembra-te que o processo de prescrição e dosagem varia de pessoa para pessoa. É provável que precises de experimentar mais de um tipo e diferentes dosagens para encontrar o mais indicado para ti.

- **Pergunta ao teu médico sobre as opções de medicação:** Vais querer alguém que não se limite a passar-te uma receita, mas que também discuta o processo de diagnóstico e tratamento em pormenor. Devem ser dadas respostas às seguintes perguntas: Porquê começar com uma medicação em particular? O que se pode esperar que aconteça? Como deverás avaliar o efeito da medicação?

- **Discute o seguimento:** O teu médico deve definir um plano de ação, incluindo tratamentos e consultas de acompanhamento. Pergunta-lhe sobre a sua disponibilidade enquanto trabalhas com os teus pais para encontrar a medicação e a dosagem certas para ti.

- **Descobre alternativas à medicação:** Descobre terapias e modificações comportamentais que possas experimentar. Será que o teu médico pode trabalhar contigo nesse aspeto? Estará o teu médico aberto a tratamentos não médicos? Podes beneficiar de uma referência para um psicólogo que possa fornecer-te estratégias comportamentais, como formas de lidar com os problemas na escola, no trabalho, técnicas de gestão do tempo, etc.

- **Pergunta ao teu médico se pode reunir com a tua família, se for necessário:** Um diagnóstico de PHDA afeta as pessoas que vivem contigo. Elas também precisam de saber mais sobre o distúrbio e como poderá ser gerido.

Quanto tempo demora a fazer um diagnóstico de PHDA?

Se estás à espera de diagnóstico, informa os teus professores ou pede aos teus pais para marcar uma reunião com os teus professores e quaisquer outros responsáveis escolares que participem no teu processo de avaliação. De acordo com Silver, L. (2005), os distúrbios de aprendizagem afetam 30% a 50% das crianças com PHDA. Posto isto, se suspeitares que tens mais do que apenas PHDA, pede aos teus pais que solicitem uma avaliação concebida para identificar problemas de aprendizagem, linguagem, motores ou de funções executivas/organizacionais. Também poderás precisar de obter uma avaliação clínica para determinar se vives com ansiedade, depressão, raiva, TOC ou um distúrbio de tique.

Por esta altura, poderás estar um pouco ansioso por perceber se tens ou não PHDA. Mas não esperes uma resposta de um dia para o outro. O processo de diagnóstico tipicamente demora pelo menos uma semana ou duas. O aspeto mais importante do processo é que seja realizado de forma minuciosa e responsável.

O que pode significar um diagnóstico

Se fores diagnosticado com PHDA, já saberás que o teu problema é um distúrbio médico genuíno. Isso, por si só, pode retirar um grande peso das tuas costas. Esta informação oferece uma visão diferente sobre os problemas escolares, sociais e familiares. Os teus pais também podem sentir uma sensação de alívio. Agora eles sabem que os teus problemas de aprendizagem, concentração e atenção não são o resultado de uma 'má parentalidade'.

Para os teus irmãos e amigos, um diagnóstico de PHDA significa que há uma razão real – não apenas uma atitude negativa, falta de motivação ou irresponsabilidade – para os teus comportamentos. Também significa que as coisas provavelmente ficarão menos tensas e angustiantes em casa e na escola quando o tratamento começar.

Para os professores, um diagnóstico de PHDA significa que eles podem fazer mudanças e ajustamentos na sala de aula (implementar estratégias diferentes, técnicas e práticas educativas) para te ajudar a ter melhores resultados na escola. Geralmente, um diagnóstico é uma situação de ganhos para todas as partes envolvidas.

Alguns pais são diagnosticados com PHDA durante o processo de diagnóstico dos seus filhos. As evidências disponíveis sugerem que a PHDA é genética – transmitida de pais para filhos. Uma criança com PHDA tem quatro vezes mais probabilidade de ter um familiar com PHDA. Um pai comentou "Ao preencher o questionário de avaliação do meu filho, dei por mim a saltar de página em página. O distúrbio que afetava o meu filho tinha-me afetado a mim durante toda a minha vida."

PHDA e o Género

De acordo com o psicólogo clínico Thomas Brown, os rapazes com PHDA comportam-se frequentemente de formas que são difíceis de ignorar para os professores. Isto ajuda a explicar porque é que os rapazes têm três vezes mais probabilidade de ter um diagnóstico de PHDA que as suas colegas do sexo feminino e também porque é que os rapazes tendem a ser diagnosticados em idades mais precoces que as raparigas. Em média, as raparigas com PHDA são diagnosticadas cinco anos mais tarde que os rapazes – os rapazes aos sete anos e as raparigas aos doze anos. Há também muitas raparigas que nunca chegam a ser diagnosticadas. Estudos indicam que 75% das raparigas com problemas de atenção ficam por diagnosticar. Esta disparidade não se deve necessariamente ao facto de as raparigas serem menos suscetíveis ao distúrbio. É mais provável que isto se deva ao facto de os sintomas da PHDA se apresentarem de forma diferente nas raparigas. Os rapazes têm maior probabilidade de ter níveis significativos de hiperatividade e impulsividade, enquanto as raparigas podem apresentar-se com desatenção e distração.

As raparigas com PHDA são frequentemente rotuladas de 'sonhadoras' – pensa na rapariga que se senta sossegada nas aulas, a olhar pela janela enquanto brinca com o cabelo. Os rapazes com PHDA são tipicamente perturbadores na sala de aula e causam problemas no recreio. Geralmente demonstram sintomas externalizados, como impulsividade. As raparigas, por outro lado, tipicamente apresentam sintomas internalizados. Estes sintomas incluem falta de atenção e baixa autoestima.

Os rapazes tendem também a ser mais agressivos fisicamente, enquanto as raparigas tendem a ser mais agressivas verbalmente. Por isso é que muitas vezes são os rapazes que são referenciados para testes. Prevalece o conceito de que 'a roda que chia é que recebe a graxa'.

Os estudos nesta área sugerem que a PHDA por diagnosticar pode ter um impacto negativo na autoestima das raparigas e colocá-las em maior risco de depressão, ansiedade e distúrbios alimentares. As raparigas com PHDA por diagnosticar têm também maior probabilidade de ter problemas na escola, em contextos sociais e nos relacionamentos pessoais. Os sintomas típicos nas raparigas incluem:

- introspeção
- dificuldade no sucesso académico
- falta de atenção ou tendência para sonhar acordada
- baixa autoestima
- ansiedade
- debilitação intelectual
- dificuldades de concentração
- parece não ouvir
- agressividade verbal, através de gozo, provocação ou insulto
- distúrbios alimentares

Embora possa ser mais frequentemente mal diagnosticado nas raparigas, a PHDA também pode passar despercebida nos rapazes. Tradicionalmente, os rapazes são vistos como mais enérgicos, por isso se correrem muito e fizerem asneiras, isso pode ser desvalorizado e considerado que 'são apenas rapazes a serem rapazes'.

Estudos demonstram que os rapazes com PHDA reportam mais hiperatividade e impulsividade que as raparigas. Mas é um erro assumir que todos os rapazes com PHDA são hiperativos ou impulsivos. Alguns rapazes exibem os aspetos de desatenção da perturbação. Estes poderão não ser diagnosticados porque não são fisicamente perturbadores. Os rapazes com PHDA tendem a exibir os sintomas em que a maioria das pessoas pensa quando imagina um comportamento de PHDA. Estes incluem:

- Impulsividade ou 'fazer asneiras'
- falar em demasia
- hiperatividade, como correr e bater
- falta de foco, incluindo distração
- incapacidade de estar sentado quieto
- agressão física
- interromper frequentemente as conversas e atividades das outras pessoas

Se desconfias que tens PHDA, fala com os teus pais ou marca uma consulta com o teu médico de família para uma avaliação assim que possível. Obter um diagnóstico e tratamento rápido pode melhorar bastante os sintomas. Também pode ajudar a prevenir o desenvolvimento de outros problemas no futuro.

> *"Nunca fui impulsivo ou hiperativo.*
> *Por isso, nunca me ocorreu que pudesse ter PHDA."*
> *– Paciente*

Conclusão: Se estás a pensar se terás PHDA ou não, falar com o teu médico de família é um bom primeiro passo. Os MF não podem oficialmente diagnosticar PHDA, mas são o elo de ligação entre ti e o teu Pediatra ou Psiquiatra, que são os profissionais ideais para fazer um diagnóstico oficial de PHDA e prescrever medicação.

Lembra-te que não estás sozinho. Há outras pessoas que estão a passar pelo mesmo.

Adam Levine, vocalista dosMaroon 5

A Vida em Casa

O Tristan chegou às 15h15 e não estava muito bem disposto. A Mrs Smart mandou-o ficar na sala porque ele tinha falado algumas vezes fora da vez dele. Ele sentia que outros colegas também tinham feito isso algumas vezes e não tinham sido castigados. Eu usei este incidente para explorar alguns dos valores do Tristan em torno da justiça. Também ajudei o Tris a perceber a ligação entre ações, pensamentos e sentimentos. Isto ajudou-o a compreender que não era tanto a ação da Mrs Smart que estava a provocar a raiva nele, mas antes a sua ideia de que ela o tinha tratado de forma diferente em relação aos outros colegas da turma quando eles falaram fora da vez deles.

Xavier: Fico feliz por teres decidido vir na mesma! Queres falar de alguma coisa específica hoje?

Tris: Acho que me podias dizer mais coisas sobre o que posso esperar do meu médico. Quando olhas para trás, achas que foi uma coisa boa teres sido diagnosticado e começado a tomar medicação? Foi a melhor coisa que te podia ter acontecido?

Xavier: Em relação à minha PHDA, sem dúvida que foi uma coisa boa. Pela primeira vez, aos treze anos, percebi que não era estúpido ou preguiçoso. O Dr Cool disse que os problemas que eu tinha não eram por culpa minha. Ele disse que quando as crianças têm PHDA, os seus cérebros funcionam de forma um pouco diferente dos cérebros das crianças que não têm PHDA. Ele também disse que era como ter um carro com o acelerador sempre a fundo.

Tris: Isso é quase como eu! O meu corpo mexe-se antes de eu saber o que é que ele está a fazer e as palavras saem-me da boca antes de eu pensar nelas, como aconteceu hoje com a Mrs Smart. Sinto-me frustrado e irritado a maior parte do tempo. O meu pai não percebia, por isso apanhava muitas vezes.

Xavier: Bem, eu também passei uns maus bocados com o meu pai! Ele é um contabilista superinteligente, mas não compreendia a PHDA. Para ele, eu era simplesmente preguiçoso e não me esforçava o suficiente.

Tris: Pelo menos tens um pai! O meu era um trabalhador FIFO. Sabes o que é FIFO, certo? Quer dizer trabalho 'Fly In Fly Out', em que as pessoas trabalham longe de casa por um determinado período de tempo, depois vão a casa e depois voltam para o trabalho e por aí fora. Bem, um dia ele foi trabalhar e nunca mais voltou. Simplesmente saiu – isso foi há quatro anos. A minha mãe e o meu pai discutiam muito e na maior parte das vezes por minha causa... A minha mãe já passou um mau bocado comigo.

Xavier: Lamento que o teu pai tenha ido embora; creio que isso deve acontecer muito! A minha mãe sempre me apoiou, mesmo quando muita da minha raiva era dirigida a ela. Ela é que me levou ao Dr Cool e todas as semanas à Joy. Ela também fez um curso de parentalidade e foi a um psicólogo que percebia como lidar com crianças com PHDA.

Tris: Tudo bem! Pelo menos tenho o meu avô. Ele é bom e eu respeito-o a ele e à minha avó. Eles ajudam-me sempre e à minha mãe também – às vezes preocupa-me eles estarem a envelhecer.

Xavier: Tens tanta sorte – os meus avós moram do outro lado do mar, por isso nunca os vejo.

Tris: É verdade, dei ontem a informação sobre o grupo de apoio à minha mãe e também lhe contei que estava a ter estas reuniões contigo às sextas. Ela ficou tão orgulhosa de mim por estar a fazer isto e gostava mesmo de te conhecer e falar contigo para te agradecer. Posso convidá-la para vir comigo na próxima sexta?

Xavier: A próxima sexta é ótima por mim! Venho para a escola de bicicleta, por isso não preciso de apanhar o autocarro caso precisemos de mais tempo. Bom fim de semana!

Tris: Para ti também!

FACTO: Geralmente, ter filhos é gratificante, mas também dá muito trabalho. Os pais de crianças com PHDA questionam a sua capacidade de educar e poderão, por vezes, sentir que não são capazes de gerir a complexidade das dificuldades dos seus adolescentes. Os irmãos podem sentir-se negligenciados e ressentidos da criança com PHDA. Os pais muitas vezes:

- culpam-se a si mesmos
- passam por fases de negação, desgosto, raiva ou desilusão
- tornam-se mais irritáveis
- sentem-se um fracasso porque não conseguem controlar o comportamento dos seus filhos
- têm mais conflitos com os seus filhos com PHDA, sobretudo se as crianças forem também desafiadoras
- sentem-se socialmente isolados por causa do comportamento dos seus filhos
- passam por mais conflitos no casamento ou na relação, sobretudo se não estiverem de acordo em termos de valores parentais.

Tendo isto em conta, o apoio aos pais é muito importante para a sua adaptação a longo prazo. A formação dos pais e o aconselhamento individual e familiar são, por vezes, necessários e muitas vezes recomendados, sobretudo quando há presença de depressão ou ansiedade e também para ajudar os pais a continuar a ser os pais que gostariam que os seus filhos se tornassem (para ser um bom exemplo). Para o fazer, os pais têm de aceitar os três factos que se seguem:

- a PHDA não pode ser 'curada' porque não há nada para curar; não se trata de uma doença.

- os adolescentes vão ser desafiantes de muitas formas – simplesmente faz parte desta fase de desenvolvimento.

- provavelmente não são tanto as estratégias que precisam de mudar, mas antes a mentalidade.

Durante os anos da adolescência, a 'descrição de funções' dos pais e dos adolescentes parece estar em conflito. A principal função dos pais é gradualmente reduzir o seu nível de controlo, dando espaço ao seu adolescente com cuidado e habilidade. Por outro lado, a principal função do adolescente, para o bem e para o mal, é experimentar tomar as suas próprias decisões, testar limites e gerir a sua liberdade.

Em alguns casos, quando o adolescente inicia este processo, os pais podem sentir que estão a 'perder o controlo' e, ironicamente, a tendência é para exercerem ainda mais controlo – muitas vezes com consequências desastrosas. Quando um adolescente tem PHDA, as coisas são ainda mais complicadas por uma série de razões:

Imaturidade emocional: As crianças com PHDA são mais imaturas emocionalmente que os seus pares sem PHDA. Alguns especialistas indicam que esta discrepância pode atingir um rácio de 30%, o que significa que um indivíduo de dezoito anos poderá ter a maturidade emocional de um com treze anos. Muitos pais de crianças com PHDA irão concordar que os níveis de maturidade variam; num dia, o seu adolescente poderá agir como se tivesse dezoito anos e no dia seguinte parecer ter apenas treze. São mais impulsivos que os seus pares sem PHDA e raramente pensam nas consequências antes de agir. Do ponto de vista cronológico, os adolescentes estão prontos para assumir a sua independência. Infelizmente, do ponto de vista do desenvolvimento, não estão.

Métodos disciplinares: Os pais de crianças com PHDA rapidamente percebem que os métodos disciplinares tradicionais raramente funcionam. Elas não aprendem com recompensas e castigos e têm dificuldade em associar a disciplina aos comportamentos, a não ser que o castigo seja imediato. Os métodos que poderão ter funcionado quando a criança era mais nova, como tabelas de comportamento e time-outs, não são eficazes durante os anos da adolescência. A sua imaturidade emocional e baixa tolerância à frustração podem levar a explosões e surtos de raiva frequentes. Isto pode deixar os pais com uma sensação de que 'agora já nada funciona' e sem alternativas. Quando isto acontece, é muito importante que os pais percebam que, embora a vida dos seus adolescentes possa estar a ficar descontrolada, eles não têm que se deixar descontrolar também. Esta poderá ser uma daquelas alturas em que deve 'colocar a máscara de oxigénio primeiro em si' e só depois procurar ajuda.

Transtornos de humor: Uma vez que as crianças e adolescentes com PHDA têm frequentemente transtornos de humor, como ansiedade, depressão ou transtorno bipolar, pode ser difícil encontrar o plano de tratamento certo. Estes problemas só agravam a frustração de um adolescente por não se poder tornar independente e a frustração dos pais por sentirem que o seu adolescente não está pronto para dar passos no sentido da independência.

Dificuldades de aprendizagem: Embora a PHDA não seja um transtorno de aprendizagem, pode causar dificuldades de aprendizagem. Alguns adolescentes têm dificuldades adicionais de aprendizagem, o que gera problemas na escola. Estes problemas aumentam a sensação do adolescente de 'ser diferente' ou não ser aceite pelos seus colegas. Os pais poderão sentir a necessidade de estarem híper vigilantes para acompanhar as atividades na escola, trabalhos de casa, testes e projetos. Poderão ainda comunicar semanalmente com os professores. Tudo isto faz com que o seu adolescente se sinta como uma criança. Como ele anseia pela independência, estar tão dependente da ajuda dos pais pode criar frustração e ressentimento.

Autoestima: Viver com PHDA pode ser desafiante. Muitos adolescentes com PHDA consideram que o ambiente da escola não se adequa à sua personalidade ou não tira o máximo partido dos seus talentos naturais. É importante que os adolescentes encontrem um ambiente e atividades que os recordem dos seus pontos fortes e que lhes permitam experienciar o sucesso. É também importante lembrar que toda a gente tem pontos fortes e pontos fracos, independentemente de terem PHDA ou não.

Embora os anos da adolescência sejam frustrantes, não precisam de ser impossíveis. Lembrar os lados positivos da PHDA, ensinar ao seu adolescente competências de argumentação e trabalhar com o médico para afinar o plano de tratamento do seu filho são medidas que podem tornar estes anos um pouco mais fáceis de gerir.

Haverá obstáculos. Haverá céticos. Haverá erros. Mas com trabalho árduo... Não há limites.

Michael Phelps

Conclusão:

- **Mantenha abertas as linhas de comunicação. Discutir os problemas no calor do momento, quando toda a gente está zangada, não adianta. Em vez disso, reserve um momento quando todas as partes estiverem calmas para discutir quaisquer divergências ou conflitos.**

- **Vá de encontro ao nível de desenvolvimento do seu adolescente, em vez de criar expetativas com base na sua idade cronológica.**

- **Mantenha as suas expetativas e a realidade do seu filho sob controlo.**

- **Apoie o seu adolescente para que compreenda e consiga gerir a sua PHDA, de modo a ter a confiança para se defender e desenvolver-se para ser o adulto incrível que pode ser, independentemente de ter PHDA.**

- **Se os conflitos familiares estiverem a afetar gravemente a família, considere procurar ajuda de um profissional de saúde mental qualificado.**

> **Uma criança precisa de encorajamento como uma planta precisa de água.**
>
> Rudolph Dreikurs

CAPÍTULO CINCO

Obter Ajuda para a PHDA

O Tristan chegou bastante alegre; ele estava particularmente feliz pelo facto de a mãe vir ter connosco e disse-me que ela tinha ido pela primeira vez ao grupo de apoio na quarta-feira.

Tris: Esta é a minha mãe, Catherine.

Xavier: Prazer em conhecê-la e obrigada por vir hoje.

Catherine: Prazer em conhecer-te, Xavier, e muito obrigada por todo o tempo que estás a oferecer ao Tristan. As sextas tornaram-se o melhor dia da semana para ele! Não é, Tristan?

Tris: Acho que sim!

Xavier: O Tristan contou-me que foi ao grupo de apoio. Como correu?

Catherine: Foi muito bom! Gostei de estar com outros pais que estão a enfrentar desafios semelhantes e também foi muito informativo. Vou definitivamente tentar frequentar o máximo de grupos que o meu trabalho permitir.

Xavier: Isso é ótimo, fico contente que o tenha considerado informativo. Então, Tris, tens algo em mente de que gostarias de falar, ou hoje é só para a tua mãe?

Tris: Mãe, há alguma coisa que queiras perguntar ao Xavier? Posso jogar jogos quando chegar a casa, por favooor?

Catherine: Falamos disso mais tarde, Tristan! Bem, por onde hei de começar?

Xavier: Que acha de tirar dois minutos para falar primeiro um pouco sobre mim? Vou ligar o temporizador, senão passam a dez minutos. Antes de mais, como o Tris já lhe deve ter dito, tenho PHDA. Fui diagnosticado há quatro anos, com a mesma idade do Tris. Quando tinha quinze anos, fiz um curso de Mentor e agora ajudo miúdos na nossa escola que estão a enfrentar desafios nas suas vidas, não apenas com a PHDA.

Catherine: Muito obrigada por isso! O que fazes faz tanta diferença. Eu vejo o impacto positivo que isso tem tido no Tristan. O Tristan contou-te que tem uma consulta marcada para ir ao Pediatra daqui a seis semanas?

Xavier: Sim, ele disse! Temos falado da minha primeira consulta com o Dr Cool, o meu Pediatra, em preparação para a primeira consulta do Tristan. Como disse ao Tris, ser diagnosticado foi a melhor coisa que me aconteceu. A minha vida mudou tanto desde então. Eu atribuo a mudança positiva na minha vida a quatro coisas: ser diagnosticado, tomar medicação, receber aconselhamento e sentir a satisfação por ser voluntário como mentor.

Não me entendam mal! Ainda tenho muitos desafios, mas escolho mudar aquilo que está sob o meu controlo, como a minha atitude e a forma como ocupo o meu tempo. E aceitar o que não está sob o meu controlo, com o meu diagnóstico de PHDA, as atitudes e comportamentos das outras pessoas, as regras na escola, etc.

Catherine: É uma atitude boa e é tão bom de ouvir! A maioria das coisas que ouvi sobre a PHDA era negativa. Quando a Mrs Smart referiu que o Tristan poderia ter PHDA, o meu coração ficou pequenino. Culpei-me a mim mesma e fiquei a pensar se teria feito algo errado como mãe. Meu deus! Olha para as horas – já são 15h45! Já percebi porque é que o Tristan me diz que o tempo passa muito depressa aqui. Estiveste muito silencioso, Tristan.

Tris: Não faz mal! Eu tenho uma lista de coisas para perguntar ao Xavier na próxima sexta, por isso não há problema. É melhor irmos andando, Mãe, O Xavier também tem de ir. Posso jogar o jogo, Mãe?

Xavier: Não faz mal! Hoje tenho até às quatro.

Tris: Nesse caso, podes por favor falar à minha mãe sobre os diferentes tipos de PHDA e a combinação de tratamentos que resulta para ti?

Xavier: Claro que sim! Aqui tem uma ficha informativa sobre os três tipos de PHDA – é bastante simples. Quanto a tratamentos, o Dr Cool disse-me a mim e à minha mãe que, para gerir a PHDA, nenhum tratamento por si só é suficiente e que é necessário usar uma combinação de tratamentos para obter o melhor resultado possível. Chamam-lhe abordagem multimodal. Por isso, a minha mãe e eu decidimos usar uma combinação de medicação e aconselhamento para mim e ela fez um curso de parentalidade. A medicação que o Dr Cool prescreveu ajudou-me a concentrar e focar melhor. Também me sinto menos inquieto e a minha mente ficou mais clara.

Tris: E o aconselhamento?

Xavier: Eu gostei do aconselhamento! A Joy fala muito de competências para a vida! Primeiro ela ensinou-me coisas sobre a PHDA e depois ajudou-me a desafiar o que ela chama de 'pensamentos venenosos' (pensamentos negativos). Também me ajudou a perceber que a vida é feita de escolhas e que evitar as coisas não faz com que desapareçam. Gostei principalmente de explorar os meus valores, identificando o que é mais importante para mim na vida e de que forma é que isso me pode ser útil ao definir objetivos. Jogámos um jogo fixe chamado 'Jogo da Vida'. Ela também me ensinou competências para gerir melhor o meu tempo, para não me distrair tanto, procrastinar menos e resolver problemas.

Tris: E se o meu médico não me mandar a alguém como a Joy?

Catherine: De certeza que lhe poderemos pedir ou encontrar nós mesmos alguém. Talvez a Dra Maddie nos possa mandar a alguém que ela conheça.

Xavier: Também te posso dar o cartão da Joy e podes contactá-la diretamente se quiseres. O consultório dela é na cidade.

Tris: Isso era fixe! Quantas vezes vais ao Dr Cool e à Joy?

Xavier: Vou ao Dr Cool pelo menos duas vezes por ano para seguimento, só para ter a certeza de que a medicação ainda está a funcionar. Ele já me mudou a medicação algumas vezes.

Quando me diagnosticaram, fui à consulta com a Joy todas as semanas durante cerca de três meses, depois uma vez por mês durante cerca de um ano. Agora marco consulta com ela quando preciso. É bom saber que há alguém que me compreende a mim e às minhas 'cenas'.

Tris: Ainda precisas de medicação, agora que já aprendeste como não ser agressivo e assim?

Xavier: Essa é uma pergunta muito inteligente! No meu caso, ainda preciso de medicação porque já vi que uma combinação de medicação e das técnicas que a Joy me ensinou funciona melhor para me manter no bom caminho. Consigo melhores notas, a vida em casa melhorou e estou mais feliz e mais confiante.

FACTO: Embora não exista atualmente nenhuma cura para a PHDA, não significa que não se possa fazer nada quanto a isso. Um tratamento bem-sucedido geralmente envolve uma combinação de educação, terapia e medicação (multidisciplinar). Apesar de os sintomas da PHDA poderem mudar com a idade, muitos indivíduos ainda precisam de tratamento na idade adulta.

A educação é uma componente necessária de qualquer plano de tratamento eficaz e proporciona informação para compreender e gerir o distúrbio. Com um diagnóstico na infância, a educação é muitas vezes direcionada para os pais. Contudo, é muito importante que, à medida que a criança cresce e se torna mais independente dos pais, ela aumente o seu próprio conhecimento sobre a PHDA e assuma a responsabilidade pela sua gestão.

Abordagem multidisciplinar: O tratamento da PHDA requer uma abrangente avaliação comportamental, psicológica, educativa e médica, seguida pela instrução do indivíduo e da sua família sobre a natureza do distúrbio e os métodos que comprovadamente irão apoiar a sua gestão (Barkley & Murphy 2006). As intervenções farmacológicas e cognitivas/comportamentais combinadas continuam a ser as melhores opções de tratamento para a maioria das crianças com PHDA (Phelam et el., 2014). Os elementos essenciais de uma abordagem multidisciplinar incluem:

- medicação
- intervenções psicológicas (i.e., terapia individual, parental e de grupo)
- coaching
- apoio a quaisquer condições coexistentes, sobretudo Distúrbios de Aprendizagem que possam ser negligenciados como sintoma da PHDA, em vez de serem vistos como problemas que necessitam de ser abordados de forma independente da PHDA.

Medicação: A medicação é muitas vezes a primeira linha de tratamento da PHDA, pois pode ser altamente eficaz no tratamento dos principais sintomas de PHDA – Desatenção, Hiperatividade e Impulsividade (a medicação parece funcionar para 75% a 90% das crianças que experimentam a medicação). Contudo, a medicação não proporciona aos indivíduos estratégias concretas e competências para lidar com os seus relacionamentos com colegas, problemas sociais e outras interferências na qualidade de vida – como o insucesso e o conflito parental (Safren, et al., 2005). As vantagens parecem ser breves e apenas se apresentar enquanto a medicação ainda está ativa no corpo. Assim que o efeito da medicação se dissipa, as vantagens desaparecem. Apesar do tratamento com medicação, a maioria dos adolescentes continua a sentir sintomas residuais, criando assim a necessidade de tratamentos psicológicos baseados em evidências, para além da medicação, para proporcionar um tratamento mais abrangente (Phelam et el., 2014).

Continua a existir controvérsia em torno dos medicamentos usados para tratar a PHDA. Estes medicamentos são vistos por alguns como drogas potentes que podem ter efeitos secundários significativos e possivelmente gerar viciação. Apesar destas perspetivas negativas, estudos demonstram que os medicamentos usados para tratar a PHDA não são, por si só, viciantes. Quando são prescritos por um profissional responsável e habilitado e tomados de forma também responsável, conforme prescritos, haverá uma probabilidade muito reduzida de o medicamento ser tomado ou dado em excesso. Médicos responsáveis irão monitorizar a dosagem e os efeitos secundários do medicamento com consultas de acompanhamento frequentes.

Terapia/ Aconselhamento: De acordo com o Dr David Rabiner, um psiquiatra clínico de crianças, as intervenções não médicas para adolescentes com PHDA são importantes por várias razões, entre as quais as seguintes:

• 20%-30% dos adolescentes com PHDA não beneficiam significativamente da medicação e/ou continuam a ter dificuldades, apesar da ajuda proporcionada pelos medicamentos.

• Outros sentem efeitos secundários adversos que os impedem de continuar a tomar a medicação.

• Além destas limitações do tratamento com medicação, muitos adolescentes recusam-se a tomar medicação para a PHDA e a adesão ao tratamento com medicação tipicamente diminui com a idade.

• Finalmente, o desvio de medicação é um problema, pois não é incomum que os adolescentes a tomar medicamentos para PHDA sejam abordados por colegas que pretendem usar a sua medicação para seu próprio benefício (isto é, para melhorar os seus desempenhos em épocas de exames).

Um programa típico de Terapia Cognitivo-Comportamental (TCC) para pré-adolescentes/adolescentes cobre as seguintes áreas: *Adaptado de: (Sprich, E. Susan; Burbridge, S.; Lemer, A. Jonathan; Safren, A. Steven, 2015).*

Psicoeducação: Proporciona psicoeducação sobre a PHDA e introduz o modelo TCC de tratamento de PHDA.

Organização e Planeamento: Ensina aos pré-adolescentes/adolescentes as vantagens de desenvolver e manter um diário/caderno com uma lista de tarefas e um sistema de calendário para melhorar a sua organização dos trabalhos escolares. Inclui um grande foco em competências de resolução de problemas, como a repartição de grandes tarefas em passos mais pequenos e fáceis de gerir. Os adolescentes também aprendem a desenvolver um plano de ação para tarefas avassaladoras.

Redução da Distração: O foco aqui é em ajudar os adolescentes a reduzir a sua tendência para se distraírem. Os adolescentes são ensinados a reconhecer a quantidade de tempo em que conseguem manter a sua atenção em tarefas e dividir as tarefas em blocos que não excedam esses períodos de tempo. Os adolescentes aprendem ainda a usar ferramentas, como alarmes e temporizadores, para os ajudar a manterem-se focados nas tarefas. Aprendem também uma técnica chamada adiamento da distração, que envolve apontar as distrações à medida que elas surgem, em vez de agir sobre elas no momento.

Pensamento adaptativo: Aqui, os adolescentes aprendem competências para maximizar o pensamento adaptativo durante alturas de stress e a aplicar competências de pensamento adaptativo às dificuldades associadas à PHDA. Por exemplo, imaginemos um adolescente que se torna altamente autocrítico quando se esquece de entregar um trabalho e que pensa que nunca irá dominar os problemas de organização associados à PHDA e que, por isso, nunca terá sucesso. É fácil de imaginar que esses pensamentos poderão contribuir para 'desistir', baixa autoestima e até mesmo para o aparecimento de sintomas depressivos. Neste exemplo, o adolescente é ensinado a desafiar estes pensamentos autocríticos e a considerar alternativas. Por exemplo, o terapeuta pode realçar que foi apenas um trabalho que ele se esqueceu de entregar e que previamente tinha entregue a maioria dos seus trabalhos escolares. O objetivo é ajudar os adolescentes a desenvolver as competências necessárias para reconhecer pensamentos demasiado negativos e desafiar esses pensamentos com alternativas mais adaptativas. Visa ainda ajudá-los a desafiar as autoafirmações negativas que os impedem de concluir tarefas ou concretizar objetivos.

Gestão da Raiva e Frustração: Uma vez que a raiva é a emoção que mais coloca os adolescentes em apuros, são usadas competências de restruturação cognitiva para os ajudar a lidar de forma mais apropriada com a raiva e frustração. Os adolescentes aprendem técnicas de redução de stress, como mindfulness, e são instruídos sobre como agir de forma assertiva.

Redução da Procrastinação: O foco aqui é em ajudar o adolescente a aplicar competências previamente aprendidas, como mindfulness e resolução de problemas, para gerir e reduzir a tendência para a procrastinação.

Melhoria das Competências de Comunicação: Os adolescentes são ajudados a identificar o seu estilo de comunicação preferido e a aprender competências de comunicação assertiva. Isto inclui o uso de afirmações com "Eu" – esta competência reduz a probabilidade de a criança transmitir culpabilização durante interações sensíveis e obriga a criança a assumir a responsabilidade pelos seus próprios sentimentos e pensamentos. Outra técnica útil é o 'reflexo' – uma poderosa ferramenta de comunicação que ajuda a criança a tornar-se num melhor ouvinte ao repetir de volta tudo o que outra pessoa acabou de dizer, nas suas próprias palavras.

Quando necessário, a TCC pode abordar outras questões importantes que afetem os sintomas da PHDA, tais como distúrbios de humor e ansiedade coexistentes, dependência de tecnologia e jogos, pesquisa de carreira ou hábitos gerais de vida, como rotinas de sono, exercício e questões relativas à autoestima. Solanto (2011) sugere que a TCC é mais eficaz quando combinada com outras formas de tratamento, como medicação, e afirma ainda que o papel do terapeuta é ajudar os indivíduos a desenvolver e manter bons hábitos. Ela realça a importância de proporcionar apoio para encorajar a aplicação dos mesmos. A melhor forma de perceber se a TCC está a resultar é avaliar os resultados na vida quotidiana do indivíduo.

Vale a pena referir aqui que, entre todas as emoções que conseguem deixar uma criança com PHDA em apuros, a raiva lidera a lista. Enquanto a tristeza ou a ansiedade geram uma sensação de sofrimento, é a raiva que gera problemas – castigo, suspensão, expulsão e uma série de outras consequências que não queremos que as crianças sofram. É importante que uma criança expresse a sua raiva, mas a emoção deveria ser como 'um espirro'. Limpa as vias de passagem e acaba ali. Uma criança que não é capaz de se zangar corre tanto perigo como uma criança que não é capaz de controlar a sua raiva.

"Não ensinem os vossos filhos a nunca ficarem zangados; ensinem-nos como se zangar."

– Lyman Abbott

A ligação entre PHDA e Perturbação Desafiante de Oposição (PDO):

É um facto que 40-50% das crianças com PHDA também têm PDO, um distúrbio marcado por agressão crónica, surtos frequentes e uma tendência para discutir, ignorar pedidos e apresentar comportamentos intencionalmente irritantes.

Embora a razão pela qual tantas crianças com PHDA exibam comportamentos de oposição ainda seja desconhecida, muitos especialistas sugerem que a PDO possa estar associada à impulsividade relacionada com a PHDA. De acordo com Carol Bradly, uma psicóloga clínica, estas crianças comportam-se indevidamente, não por serem intencionalmente opositivas, mas porque não conseguem controlar os seus impulsos. Alguns especialistas sugerem que a PDO é uma forma de as crianças lidarem com a frustração e dor emocional associada à PHDA. Se não for tratado, o comportamento de oposição pode evoluir para um desvio de conduta e problemas comportamentais mais graves. É, por isso, muito importante procurar obter ajuda.

O primeiro passo para gerir a PDO é garantir que a PHDA da criança está sob controlo. Quando a hiperatividade, impulsividade e desatenção da criança são reduzidas, há geralmente uma melhoria dos sintomas da PDO. É também recomendável que o terapeuta examine a criança para determinar se existe ansiedade, depressão e transtorno bipolar, uma vez que todos estes podem causar PDO e coexistir com PHDA.

A terapia para a PDO é muitas vezes dirigida para os pais. O objetivo, de acordo com Barkley (2013), é mostrar aos pais como poderão:

- reconhecer os seus próprios fatores de 'risco', alterá-los quando possível ou, pelo menos, tentar evitar que esses fatores interfiram com a gestão eficaz do seu filho.

- reconhecer certos fatores de 'risco' no seu filho, tentar alterá-los quando possível ou, pelo menos, aprender a aceitar aqueles que não puderem ser alterados e procurar lidar com eles.

- mudar as consequências situacionais que estão a estipular para o incumprimento da criança, que muitas vezes servem para criar, manter ou exacerbar o comportamento desafiador da criança.

Desenvolver Competências Executivas em Atraso: Os adolescentes com PHDA podem ter dificuldades, não só devido aos sintomas principais da PHDA, como Desatenção, Impulsividade e Hiperatividade, mas também com sintomas secundários crónicos, como a incapacidade de gerir o tempo, a distração, desorganização e dificuldade em dar seguimento a tarefas. Para muitos, estes desafios levam a desistência, evasão, ansiedade e sentimentos de incompetência e insucesso. Ao trabalhar com adolescentes com sintomas secundários, as intervenções que ensinam competências diretamente aos indivíduos são mais eficazes – esta é uma altura em que o adolescente está a transitar de uma supervisão mais próxima para uma maior independência, a supervisão adulta diminui e os ambientes para os quais estão em transição são frequentemente menos estruturados. Estas intervenções procuram ajudar o adolescente a depender menos dos pais e mais das suas próprias capacidades cognitivas e comportamentais para controlar a vida em geral.

Embora possa ser recomendado algum envolvimento parental no ensino destas competências, por vezes isso poderá não ser possível, sobretudo quando a comunicação entre o adolescente e os pais for quebrada e houver um elevado grau de conflito. Nestes casos, o adolescente poderá recusar o envolvimento dos pais. Em prol do relacionamento e compromisso terapêutico, este desejo deve ser respeitado – para grande frustração de alguns pais.

Trabalhar com um Coach de PHDA: Um coach de PHDA conhece os desafios únicos e específicos enfrentados pelos adolescentes com este distúrbio e podem ajudá-los a adquirir as competências necessárias para ultrapassar esses problemas. Parte motivador, parte assistente pessoal, parte professor – um coach pode ajudar os adolescentes a:

- desenvolver estruturas para organizar
- fazer planos e definir objetivos
- motivar-se e permanecer motivados
- desenvolver competências de gestão de tempo e dinheiro
- oferecer sugestões, conselhos, lembretes e, acima de tudo, encorajamento

Alguns coaches reúnem semanalmente com os seus pacientes; outros mantêm-se em contacto regularmente por telefone. Outros reúnem com os pacientes nas suas casas para ajudar com tarefas específicas, como organizar papéis ou trabalhar as suas competências sociais.

Avaliar possíveis dificuldades de aprendizagem: De acordo com Brown (2005), cerca de 70% das crianças com PHDA têm um transtorno de aprendizagem. Posto isto, se uma criança continua a ter dificuldades académicas (apesar de estar a ser tratada para a PHDA), deve ser realizada uma avaliação de potenciais transtornos de aprendizagem.

Larry Silver (1999) diz que os transtornos de aprendizagem podem exacerbar ou imitar os sintomas da PHDA. Se existir um transtorno de aprendizagem e este não for reconhecido numa fase suficientemente precoce, a criança poderá apresentar sintomas semelhantes aos da PHDA, como inquietação, rabiscos constantes ou distração, que podem levar pais e professores a concluir indevidamente que a criança tem PHDA. Quando se descobre que a criança tem um transtorno de aprendizagem, é importante trabalhar em proximidade com a escola e garantir que as recomendações sobre as avaliações sejam implementadas.

"... Nada em si é bom ou mau, tudo depende daquilo que pensamos."

– William Shakespeare (Hamlet)

Conclusão: A mensagem primária de uma abordagem multimodal é que nenhuma intervenção, por si só, é suficiente para controlar a PHDA. A combinação exata de componentes de tratamento irá depender de como a criança se apresenta – a PHDA tem muitas caras. Portanto, não há 'soluções únicas'.

Tratamentos Alternativos ou Complementares

Algumas famílias optam por gerir os sintomas dos seus filhos em combinação, total ou parcial, com medicação e terapias comportamentais, como através de dieta, atividade física e terapias alternativas, como meditação ou treino do cérebro. Contudo, as atuais evidências científicas sobre terapias alternativas sugerem que os pais devem estar conscientes e bem informados antes de experimentarem esses tratamentos. Alguns deles poderão gerar efeitos secundários. Fale com o seu médico antes de experimentar qualquer terapia alternativa para a PHDA do seu filho.

Isto é o que sabemos sobre os muitos tratamentos que foram promovidos como alternativas aos medicamentos. Adaptado de Chan et el., 2003:

- **Exercício:** Pense no exercício como medicação; o exercício ativa o sistema de atenção, as chamadas funções executivas – sequenciação, memória operacional, priorização, inibição e sustentação da atenção. Ao nível prático, faz com que as crianças sejam menos impulsivas, o que as torna mais propensas a aprender. Foi comprovado que 30 minutos de exercício antes da escola pode ajudar as crianças com PHDA a focar-se e a gerir o seu humor.

- **Dieta:** Alterações na dieta podem ajudar um pequeno grupo de crianças que tenham sintomas de alergias ou enxaquecas. No entanto, não há evidências de que uma dieta sem açúcar ou aditivos ajude nos sintomas da PHDA. O mais importante é ingerir uma dieta equilibrada; ou seja, uma dieta que inclua sobretudo fruta, legumes, cereais integrais, proteínas, como carnes magras, aves, peixe, feijão, ovos e frutos secos, juntamente com laticínios magros ou sem gordura com reduzido teor de gorduras saturadas, gorduras trans, sal e açúcares adicionados, dentro das necessidades calóricas diárias recomendadas.

- **Suplementos vitamínicos:** Se uma criança tiver carência de uma determinada vitamina ou mineral (como ferro, magnésio ou zinco), um suplemento poderá ajudar. Porém, fale com o seu médico sobre a quantidade adequada para o seu filho.

- **Ácidos gordos:** Não foi demonstrado que os ácidos gordos essenciais, como óleo de peixe e óleo de prímula, assim como os 'nootrópicos', ajudem as crianças com PHDA.

- **Ervas:** As ervas podem ajudar a acalmar uma pessoa e podem desempenhar um papel na capacidade de memória e pensamento. No entanto, como os produtos herbais não são regulados, certifique-se de perguntar ao seu farmacêutico sobre a pureza (força), segurança e toxicidade (poderá causar danos?) de qualquer produto.

- **Antioxidantes:** Também conhecidos como medicamentos antienvelhecimento, os antioxidantes protegem as células nervosas. Mas não há efeito direto sobre a PHDA. A melatonina poderá ajudar com os problemas de sono, mas pode causar dores de cabeça, fadiga, irritabilidade e sonolência.

- **Homeopatia:** A homeopatia usa combinações de extratos de plantas, animais ou minerais. Nenhum estudo demonstrou que a homeopatia é eficaz no tratamento da PHDA. É necessária mais investigação.

- **Biofeedback:** Biofeedback é uma ferramenta que supostamente ajuda as pessoas a controlar as suas próprias respostas. Foram realizados estudos sobre a sua eficácia com grupos muito pequenos de crianças e os resultados não foram claros. É ainda considerado um tratamento experimental.

- **Hipnoterapia:** A hipnoterapia pode ser útil para certos sintomas da PHDA, como os problemas de sono ou os tiques.

- **Meditação Consciente e Ioga:** O estado de consciência plena, ou mindfulness, envolve prestar atenção aos seus pensamentos, sentimentos e sensações corporais; por outras palavras, desenvolver uma maior consciência de momento para momento. Estudos demonstram que crianças que participaram em exercícios de mindfulness tiveram menos ansiedade em testes e menos sintomas de PHDA, para além de maior atenção em relação a crianças que não participaram nos exercícios.

- **Terapia ocular, tratamento oculovestibular, treino sonoro:** Não há evidências que suportem nenhum destes tratamentos.

Como Abordar os Tratamentos de PHDA

A maioria das famílias de crianças com PHDA experimenta uma variedade de programas de tratamento para maximizar o controlo dos sintomas. Se estiver a pensar fazer isso, mantenha um registo para que possa acompanhar o progresso dos seus esforços e compreender os resultados de cada estratégia que experimentar. Não desista de um tratamento do seu plano se as mudanças não ocorrerem tão rapidamente quanto gostaria, A mudança leva tempo. Antes de parar, a não ser que ocorram efeitos secundários que prejudiquem a vida do seu filho, consulte um profissional. Procure formas de ajustar o tratamento antes de desistir do mesmo..

Como sei se a medicação está a funcionar?

A maioria dos planos de tratamento para a PHDA precisa de ajustes e poderá precisar de várias revisões antes de conseguir encontrar a dosagem ideal. Mas uma coisa que deverá notar é uma melhoria do nível de cumprimento do seu filho, melhores notas na escola e algumas mudanças de comportamento. Algumas crianças nem sempre se apercebem quando agem de forma diferente e dependem dos seus pais e professores para monitorizar as mudanças. Esta monitorização é muito importante, pois é desta informação que o especialista que acompanha o tratamento depende para fazer ajustamentos responsáveis ao plano de tratamento.

Alterações que os pacientes reportam quando a medicação é eficaz: Adaptado de Chris, A. Zeigler, Dendy e Alex Zeigler (2007).

- Prestam mais atenção

- Concentram-se melhor

- Demonstram uma qualidade menos errática do trabalho na escola

- r-Revelam um melhor relacionamento com amigos e adultos

- Fazem mais trabalhos na escola

- Têm melhores notas

- Pais e professores também reportam

    o Menos hiperatividade

    o Menos impulsividade

    o Menos discussão e conversas de fundo

    o Menos raiva e agressividade

o Menos rebeldia

Para definir o melhor plano de tratamento, o seu médico poderá ter de combinar medicamentos. Isso acontece sobretudo no caso de distúrbios coexistentes, como a ansiedade e depressão.

Um dos meus pacientes disse "Antes de tomar a medicação, nunca tinha pensado muito sobre o passado ou o futuro. Eu simplesmente passava de uma atividade para outra sem grande reflexão. Agora, consigo planear melhor e sinto-me mais no controlo da minha vida. É como se a 'neblina' constante se tivesse levantado e agora conseguisse ver as coisas mais claramente."

"Compreender a forma como pensa é um começo eficaz para fazer mudanças na sua vida."

– Russel Ramsay

Conclusão: **Quando uma criança começa um novo plano de tratamento, pais e profissionais de saúde devem definir objetivos relacionados com o funcionamento académico, comportamental e social. Por outras palavras, aquilo que precisar de ser melhorado. Verificar se um plano de tratamento está a aproximar a criança desses objetivos é crucial para o sucesso da criança a longo prazo. Deve sempre ter presente que a resposta de uma criança ao tratamento pode mudar ao longo do tempo, sendo geralmente isso que acontece.**

CAPÍTULO SEIS

Quando Não se Trata a PHDA

O Tristan chegou cedo para a nossa reunião. Agora ansiava por estas reuniões e tinha um monte de perguntas para mim. Também tinha um pequeno presente da mãe dele para mim. Ela conseguia ver mudanças no Tristan e queria expressar a sua gratidão.

Xavier: Olá Tris. Hoje chegaste cedo! Entra.

Tris: A minha mãe pediu-me para te dar isto!

Xavier: Muito obrigado! Espero que a tua mãe tenha gostado da nossa conversa na semana passada.

Tris: Acho que ela gostou mesmo! Ouvi-a a falar à minha avó e a ao meu avô sobre ti – também ouvi o meu avô dizer qualquer coisas sobre os efeitos secundários da medicação para a PHDA. Passei toda a semana a pensar se já terias sentido efeitos secundários e o que achas que teria acontecido se te tivesses recusado a tomar medicação.

Xavier: Sim, por acaso senti! O meu apetite foi afetado e também tinha dificuldade em dormir. O Dr Cool garantiu-nos que era normal e que era comum as crianças sentirem alguns efeitos secundários pouco relevantes. No meu caso, depois de me habituar à medicação, os efeitos secundários desapareceram. Parte do motivo para os exames médicos antes do diagnóstico é verificar se existem alguns problemas médicos que possam ser agravados por medicação estimulante para a PHDA.

Tris: Acho que a Dra Maddie fez tudo isso quando deu à minha mãe a referenciação para o Pediatra.

Xavier: Então está bem! Se fores diagnosticado e decidires tomar medicação, quaisquer efeitos secundários serão geridos pelo teu médico. Às vezes, modificar a dose e a hora a que tomas os medicamentos é o suficiente para parar os efeitos secundários. O Dr Cool pediu à minha mãe para manter um registo da hora a que eu tomava a medicação, a hora a que os efeitos secundários apareciam e uma avaliação do meu comportamento.

Tris: Tinhas de tomar a medicação na escola?

Xavier: Sim, no princípio sim e não gostava nada disso. Tinha de ir ao gabinete ao meio-dia para tomar a segunda dose. Sentia-me sempre estranho. Agora, penso que era palermice sentir-me esquisito, mas na altura era o que eu sentia. No entanto, durante a nossa segunda visita ao Dr Cool, ao fim de seis meses, a minha mãe falou com ele sobre isso e ele mudou a prescrição para a versão de 'libertação lenta' do mesmo medicamento, o que significa que apenas tinha de tomar um comprimido de manhã antes de ir para a escola.

Tris: É bom saber. Acho que também não ia gostar de ter de tomar medicação na escola! Já pensaste o que teria acontecido se tivesses recusado a toma da medicação ou se os teus pais não quisessem que fosses medicado?

Xavier: Obviamente é muito difícil saber ao certo. Só posso tentar adivinhar. Mas, considerando a forma como as coisas estavam – muito provavelmente teria desistido da escola. As discussões com os meus pais por causa de tecnologia, trabalhos de casa, tarefas em casa, amigos...basicamente tudo, tudo teria ficado pior. Quem sabe onde é que eu estaria hoje?

Tris: Ainda ficas zangado e assim?

Xavier: Uma coisa muito importante que eu aprendi é que a raiva faz parte das muitas emoções que todos sentimos enquanto seres humanos. Com a ajuda da Joy, percebi que não era o facto de ficar zangado que me deixava em apuros, mas antes a forma como eu geria a minha raiva. Para responder à tua questão: Sim, ainda fico zangado, mas agora tenho estratégias que me ajudam, sobretudo técnicas de respiração.

Tris: Disseste técnicas de respiração?

Xavier: Bem, na verdade chama-se mindfulness. As pessoas chamam-lhe muitas coisas, mas essencialmente trata-se de 'acalmar a mente'. Há tempos disseste que, às vezes, a tua mente parecia uma máquina de lavar roupa no 'ciclo de centrifugação' – imagina tentares concentrar-te ou fazer os trabalhos de casa com a tua mente assim, acelerada!

Tris: Bem, não consigo fazer nada quando me sinto assim! Só me sinto zangado e triste.

Xavier: Vou incluir informação sobre mindfulness na Caixa de Ferramentas que estou a preparar para ti. Vamos ver todas as dicas, informações e estratégias na última sessão e poderás fazer perguntas – todas as que quiseres!

Tris: Uma Caixa de Ferramentas! Fixe. Obrigado. Vemo-nos na próxima sexta.

FACTO: Muitos indivíduos pensam na PHDA como um distúrbio que torna difícil para as crianças prestar atenção ou ficar sentadas na escola. Mas os sintomas da PHDA afetam as crianças fora da sala de aula muito mais do que se pensa. As consequências da PHDA quando não tratada, mesmo depois de as crianças concluírem a escola, podem ter um impacto profundo nas suas vidas.

Alguns indivíduos com PHDA poderão já ter sido previamente diagnosticados com depressão, ansiedade ou distúrbios de aprendizagem. Embora seja possível que estas perturbações coexistam com a PHDA, para alguns indivíduos estes diagnósticos prévios poderão ser um obstáculo à descoberta da sua PHDA. Um historial médico completo é importante para a realização do diagnóstico diferencial.

Por exemplo, quando se tem uma dor de cabeça, sabe-se que há várias causas possíveis, entre menos relevantes e mais graves. Quando se vai ao médico, este irá provavelmente fazer perguntas detalhadas sobre as suas dores de cabeça. Sem uma avaliação e exames rigorosos, seria irresponsável da parte do médico fazer um diagnóstico de tumor cerebral ou stress (ambos podem causar dores de cabeça). E, naturalmente, o tratamento para um tumor no cérebro e para o stress seria muito diferente.

O mesmo se aplica às doenças mentais. Muitos sintomas comuns ocorrem por uma variedade de razões e podem refletir vários diagnósticos diferentes. É por isso que um bom profissional de saúde mental irá realizar uma avaliação rigorosa do seu filho com base num vasto leque de informações antes de realizar um diagnóstico. É crucial compreender o que está realmente por trás de um dado comportamento, pois tal como na medicina, o diagnóstico que o seu filho receber pode mudar drasticamente o tratamento a realizar. Os medicamentos para PHDA, por exemplo, não funcionam se a desatenção ou comportamento perturbador de uma criança for causado por ansiedade e não pela PHDA. Quando um tratamento não funciona, uma das coisas que um bom clínico deve fazer é reexaminar o diagnóstico, tal como faria um médico de medicina.

A desatenção, por exemplo, é muitas vezes observada pela primeira vez por professores, que poderão reparar num aluno que se distraia facilmente de forma pouco comum, tenha tendência para sonhar acordado e tenha dificuldade em acabar trabalhos de casa e em seguir instruções. Enquanto muitas crianças (sobretudo as muito jovens) tendem a ter menor capacidade de atenção que os adultos, algumas crianças têm muito mais dificuldade em se concentrar que outras.

A desatenção que esteja fora dos parâmetros normais normais é um dos três sintomas principais da PHDA, juntamente com a impulsividade e a hiperatividade. Por isso, quando uma criança parece anormalmente distraída, a PHDA tende a ser a primeira suspeita de pais, professores e clínicos. Contudo, há muitas outras possibilidades que podem estar a contribuir para a desatenção. Uma criança que esteja desatenta poderá estar desatenta porque tem PHDA, porque está preocupada com a mãe que está a fazer tratamento para cancro ou porque está a sofrer bullying no recreio e não sabe o que fazer quanto a isso.

Nesta perspetiva, fica claro que um diagnóstico de PHDA não é linear e deve ser levado muito a sério. É muito importante que o indivíduo seja honesto e se abra com o seu médico, explicando porque acredita ter PHDA, quais os sintomas que lhe estão a causar mais problemas e partilhando o máximo possível sobre os seus primeiros anos de escola ou outras experiências. Esta informação é o que o médico irá usar para determinar a melhor linha de atuação.

Os adolescentes e jovens adultos com PHDA não tratada são muitas vezes atormentados com impulsividade, incapacidade de pensar nas consequências das suas decisões, inaptidão para acabar o que começaram e fraca tomada de decisões. As estatísticas demonstram que estes indivíduos têm maior tendência para abusar de álcool e drogas, para contrair vícios e para realizar sexo precocemente (e sem proteção), assim como maior propensão para serem expulsos da escola. Também têm maior dificuldade em manter empregos, permanecer casados, educar filhos e até mesmo em manter-se fora da prisão.

Muitas pessoas acreditam que as crianças têm boa capacidade de recuperação e que, se deixadas sozinhas, irão crescer bem. Pela minha experiência, é verdade que as crianças podem ser extraordinariamente resilientes, mas é errado assumir que elas poderão ultrapassar os seus distúrbios psiquiátricos e perseverar atingindo os seus potenciais, sem ajuda. Muitas crianças com PHDA e outros distúrbios veem os seus problemas agravar-se à medida que crescem e as suas responsabilidades aumentam. Crianças com PHDA não tratada tornam-se frequentemente adultos com PHDA não tratada e com isso surge uma série de problemas de dimensão adulta (conforme acima referido).

Mas não tem de ser assim! Um bom exemplo é o da Kate (nome fictício), uma das minhas pacientes de há vários anos. A Kate veio visitar-me pela primeira vez no 10º ano, preocupada com a probabilidade de reprovar. Os pais dela contaram que os professores da Kate tinham muitas vezes comentado que ela não prestava atenção e que sonhava acordada muitas vezes durante as aulas. As notas dela tinham diminuído gradualmente desde que ela tinha entrado para o secundário e, do ponto de vista social, eles sentiam que ela se isolava cada vez mais.

Após os exames e uma avaliação rigorosa do Pediatra dela, a Kate foi diagnosticada com PHDA e recebeu uma prescrição de Ritalina. Os pais da Kate optaram por uma abordagem de tratamento multidisciplinar, que incluía formação dos pais, medicação e aconselhamento. Com este plano de tratamento, a Kate passou de aluna em vias de reprovar para aluna com 'Bom' a tudo. Os pais da Kate referiram que sempre souberam que ela era inteligente, mas perturbada. Já lhes tinha ocorrido a PHDA algumas vezes, mas, devido aos 'mitos' que ainda existem em torno da PHDA e da medicação estimulante, estavam relutantes em procurar um diagnóstico. No entanto, disseram que a Kate, logo no primeiro dia com medicação, tinha chegado da escola e dito que, pela primeira vez, tinha realmente ouvido o que os professores diziam. Os pais demonstraram arrependimento por não terem procurado um diagnóstico mais cedo e sentiam-se responsáveis pelas falhas na aprendizagem da Kate.

A história da Kate é sobre coragem – mesmo já sendo adolescente quando foi diagnosticada, ela obteve a ajuda de que precisava durante os seus anos de juventude, quando é mais eficaz.

Numa das sessões, a Kate referiu que, desde o tratamento, a sua vida na escola se tinha tornado muito melhor. Ela tinha entrado para a equipa de debates, onde era conhecida pela sua convicção e criatividade. Durante a nossa última sessão, ela disse-me que queria ser professora de 'necessidades especiais' e eu sei que ela terá um futuro brilhante.

"Todos os riscos da PHDA, até hoje, têm sido associados ao não tratamento do distúrbio com formação, não à medicação em si."

– Dr William Dodson

Conclusão: **Sabemos que muitos distúrbios psiquiátricos são tratados mais facilmente na infância, dando-nos uma janela de oportunidade para mudar drasticamente as vidas de jovens como a Kate. Com um tratamento responsável, as crianças podem aprender a controlar a sua impulsividade, a ter sucesso na escola e a ter melhores relacionamentos com colegas e família..**

A verdade é que não existe o 'normal', existem apenas uma série de espetros em que todos nos enquadramos e o nosso grau de 'normalidade' é determinado pelo grau em que as nossas forças e fraquezas correspondem às normas sociais dos tempos em que vivemos.

R. Boyce

CAPÍTULO SETE

PHDA – Dispositivos e Tempo em Ecrãs

O Tristan chegou às três horas em ponto, com ar triste. Pousou a mochila da escola no chão e deu um suspiro profundo. "Sabes que mais, Xavier? Vou sentir a falta destas reuniões", disse ele, esfregando a cara e deixando-se cair no sofá.

Xavier: Ainda temos a próxima sexta-feira. E lembra-te que eu só saio da escola daqui a dois períodos, por isso podes sempre passar por cá, se quiseres.

Tris: O que vai acontecer quando te fores embora no final do ano? Quem é que vai ficar com esta sala?

Xavier: Para já, só sei que alguém ficará disponível. Não tenho a certeza de quem será. A escola ainda está a entrevistar possíveis candidatos. Quem sabe? Talvez daqui a uns anos possas estar tu nesta cadeira.

Tris: Nem sonhes!

Xavier: Nunca se sabe! Aconteceu-me a mim!

Tris: Mais uma coisa antes de começarmos com as dicas e as estratégias: também gostas de jogos de computador e de ver televisão? A minha mãe acha que eu sou viciado em tecnologia. Ela tem dificuldade em compreender porque é que me consigo concentrar quando jogo, mas não quando faço os trabalhos da escola.

Xavier: A tecnologia era o maior problema entre mim e o meu pai. Ele não conseguia perceber porque é que eu jogava durante horas, mas não conseguia fazer os trabalhos de casa durante quinze minutos. Eu gostava – e ainda gosto – de jogar, mas eu e a minha mãe acordámos um horário que inclui tempo para trabalhos da escola e outras atividades, incluindo jogar. Aprendi que quando planeamos e atribuímos prioridades, podemos fazer muita coisa num dia.

Tris: Eu acho que desperdiço muito tempo. Atraso-me sempre a entregar os trabalhos da escola e nunca acabo os testes a tempo. Era um bom jogador de futebol até ter parado há um ano. Gostava de voltar a jogar, mas não sei como é que ia arranjar tempo! Tenho dificuldade em tantas coisas!

Xavier: Tenho a certeza de que vais beneficiar de ir a um pediatra e a aconselhamento. Com o apoio certo, vais perceber rapidamente que há muitas coisas que podes fazer por ti, com o apoio da tua mãe e da escola. Em que é que tens mais dificuldades?

Tris: Não sei dizer exatamente, mas sei que sou desorganizado, esquecido, impulsivo, não compreendo bem o tempo, distraio-me, procrastino e fico zangado muito rapidamente.

Xavier: Percebo porque é que por vezes te sentes assoberbado e podes até querer desistir de tentar. A mim acontecia-me isso às vezes. Mas quando aprendi a planear, definir prioridades e horários e a seguir os planos, senti-me mais em controlo do meu tempo e menos ansioso.

Tris: A minha procrastinação é muito má. Ando sempre a adiar as coisas até ao último minuto e depois sinto-me desiludido quando não tenho boas notas.

Xavier: Como as tuas principais dificuldades são muito parecidas com as minhas, as estratégias que aprendi com a Joy também poderão ser muito benéficas para ti. Vou certificar-me de incluir o máximo possível das dicas que recebi da Joy. Lembra-te que, apesar de termos dificuldades semelhantes, poderás ter de ajustar as minhas estratégias para se adequarem ao teu estilo de aprendizagem.

Tris: Estou entusiasmado por aprender coisas sobre a gestão do tempo. Acho que é por aí que tenho de começar. Suponho que quando conseguir gerir o tempo, muitos dos meus outros problemas irão melhorar.

Xavier: Geralmente é o que acontece. Se tiveres mais perguntas, traz na próxima sexta. Vou ter toda a informação pronta para a tua Caixa de Ferramentas. Venho para a escola de bicicleta, por isso podemos ficar até às 16h.

FACTO: Nos EUA, 4 milhões de crianças foram diagnosticadas com PHDA, tornando-a no distúrbio comportamental mais comum na infância. Aliás, de acordo com novos dados dos Centros de Controlo e Prevenção de Doenças, ao longo da última década, o número de crianças diagnosticadas com o distúrbio aumentou em mais de 50%. No ano passado, o aumento já foi de cerca de 15%.

De acordo com um relatório da Kaiser Family Foundation, o aumento dos casos de PHDA coincidiu com o aumento do número de dispositivos móveis. As crianças passam, em média, sete horas e meia por dia a olhar para ecrãs. É um aumento de 20% em relação a apenas cinco anos atrás. Será que isso significa que há uma relação positiva entre estas tendências? Talvez, mas não está muito claro.

Imagine o seguinte: O JP senta-se com os pais num restaurante, a jogar Minecraft. A cabeça está baixa, a sua atenção está cativa, os olhos colados ao ecrã – ele parece-se com todas as outras crianças. Mas, enquanto joga com o iPad da mãe, a sua mente está a processar informação de forma muito diferente da de outra criança que ande a correr pela sala.

Se pudéssemos examinar o cérebro do JP, veríamos que está a trabalhar mais, a tentar absorver o bombardeamento de informações e sensações. Essa atividade cerebral aumentada torna mais difícil para ele focar-se numa tarefa e controlar os seus impulsos – sinais característicos de desatenção. Aliás, a sua capacidade de se manter focado no ecrã, e não em mais nada, é uma característica da PHDA.

Quando joga com gadgets, isso parece concentração, mas não é – pelo menos não da forma que pensamos. Christopher Lucas, Professor Adjunto de Psiquiatria Infantil, diz que as crianças se focam nos jogos de vídeo e na televisão com um tipo de atenção diferente da que usam para ter sucesso na escola e na vida. Ele diz "Não é atenção sustentada na ausência de recompensas. É atenção sustentada com frequentes recompensas intermitentes."

Quando as crianças jogam jogos e acumulam pontos, avançam para níveis mais avançados e desbloqueiam personagens e bónus, o seu cérebro é recompensado por uma coisa: dopamina, um neurotransmissor que é libertado de cada vez que 'ganham', afirma Lucas.

A dopamina é o químico no centro da PHDA e do seu caso amoroso com a eletrónica. Alguns especialistas acreditam que as crianças procuram esses ecrãs porque têm problemas com os seus sistemas de dopamina. Na verdade, medicamentos como a Ritalina controlam a PHDA aumentando a atividade da dopamina. Então, quando o JP joga Minecraft, é como se se estivesse a automedicar, dando ao seu cérebro aquele impulso adicional que o seu circuito interno não lhe proporciona.

É também por isso que impedir o JP de usar excessivamente o seu iPad não é fácil. As crianças com PHDA são geralmente ridicularizadas e ostracizadas e esse isolamento remete-os para esses dispositivos. Como os aparelhos eletrónicos são provavelmente as suas únicas companhias consistentes, muitas vezes desenvolvem uma dependência emocional que se estende para além da questão da dopamina.

No cenário do restaurante, o JP está extremamente focado no iPad, mantendo contacto ocular constante com o ecrã. Mas sem isso, ou sem o seu computador ou consola de jogos portátil, ele dá imenso trabalho. É muito mais fácil para ele encontrar consolo nos ecrãs. Eles não o rejeitam e proporcionam-lhe um local para ser uma pessoa diferente.

"Estas crianças também podem criar falsas identidades para si mesmas que sejam mais positivas do que o que seria realista e, dessa forma, fazem amigos virtuais online mais facilmente do que em pessoa", diz Russell Barkley, um Professor Clínico de Psiquiatria e Pediatria. O JP iria beneficiar de fazer uma 'pausa' dos equipamentos eletrónicos, mas, ironicamente, ele não consegue afastar-se deles.

Tal como o JP, muitas crianças têm dificuldade em gerir o tempo com ecrãs e saber quando desligar. Quando se tem PHDA, é ainda mais difícil tomar boas decisões sobre o uso de tecnologia. Os domínios comuns de dificuldades incluem:

Gestão do tempo: A PHDA pode tornar mais difícil controlar o tempo. Podem ser passadas horas e horas em frente a um ecrã.

Controlo de impulsos: As crianças com PHDA podem ter maior tendência de se envolver em comportamentos online de risco, como assistir a vídeos inapropriados de sexo ou realizar sexting.

Sono: Relaxar à hora de dormir pode ser desafiante para as crianças com PHDA. O tempo com ecrãs pode tornar isto ainda mais difícil.

Desatenção: As crianças com PHDA podem 'perder-se' num jogo e esquecer que têm tarefas que precisam de ser feitas.

Distração: Todos os recursos e atrativos que os jogos proporcionam tornam ainda mais desafiante o foco por parte das crianças com PHDA.

Competências Sociais: Mais tempo com ecrãs poderá implicar menos tempo para praticar a compreensão de dicas sociais durante as interações frente a frente.

"Acho que tirar os jogos digitais a estes miúdos é prestar-lhes um mau serviço."

— Dr Randy Kulman

Conclusão: Reconhecer o potencial do vício na Internet entre crianças com PHDA. Os jogos de vídeo e a tecnologia são atividades que podem levar a comportamentos aditivos.

Desencorajar o zapping aleatório de canais a favor de uma visualização informada. Sentar com uma programação de televisão e decidir o que ver, com base no tópico de um programa e na descrição do mesmo. Depois, estruturar estes horários dos programas no teu diário. Como tudo na vida, é preciso haver equilíbrio.

CAPÍTULO OITO

Caixa de Ferramentas

(Dicas e Estratégias para Gestão da PHDA)

Hoje é o último dia das minhas reuniões formais com o Tristan. O Tristan está triste e diz-me que as sextas-feiras não serão as mesmas – nunca mais! Contou-me também que a consulta dele com o pediatra foi confirmada para a sexta-feira seguinte. Eu encorajei o Tristan a visitar-me dali a duas semanas para me contar como tinha corrido a sua experiência com o pediatra e o resultado da avaliação.

Como te disse na semana passada, hoje vamos construir a tua Caixa de Ferramentas. Estas dicas, estratégias e informações vão ajudar-te a gerir os teus sintomas de forma mais eficiente. É importante que te lembres que, quer recebas um diagnóstico de PHDA ou não, as tuas dificuldades são reais e estão a causar sofrimento na tua vida. Portanto, independentemente da causa do teus sintomas, estas dicas e estratégias vão ajudar.

As cenas da Caixa de Ferramentas são as que fizeste com a Joy?

Sim! Esta Caixa de Ferramentas foi ajustada às minhas necessidades, tal como irás construir uma para ti com o teu psicólogo. Porém, as dicas, estratégias e informações desta Caixa de Ferramentas cobrem a maioria dos desafios que os indivíduos como tu e eu enfrentamos.

Posso mostrar a 'Caixa de Ferramentas' ao meu psicólogo?

Não precisas de lhe mostrar, mas podes falar-lhe das nossas reuniões, se quiseres. Se fores à Joy, ela vai ficar feliz por saber que eu estou a dar bom uso à minha Caixa de Ferramentas.

Fixe! Podemos vê-la agora?

Claro! Vamos dar uma vista de olhos rápida e depois podes vê-la com calma, ao teu ritmo.

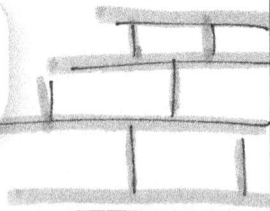

Dica Nº 1 da Caixa de Ferramentas

Breve Panorama:
Soluções para Desafios da PHDA

Embora não haja cura para a PHDA, muitas pessoas descobrem que, com prática e esforço, conseguem gerir os seus sintomas de forma muito eficaz. Um diagnóstico da PHDA não significa que não poderás ser um bom aluno ou ter uma carreira de sucesso. No entanto, o teu percurso para atingir esses objetivos poderá ser diferente do dos outros.

Seguem-se algumas breves soluções para desafios que as pessoas com PHDA muitas vezes enfrentam. Usa esta ferramenta como ponto de partida para pensares nas áreas em que gostavas de crescer e para começares a gerar soluções para problemas.

Criar Estrutura: Acima de tudo, os sintomas da PHDA podem ser geridos com estrutura e rotina. Sem estrutura, as obrigações de um só dia podem tornar-se avassaladoras, ou simplesmente ficar esquecidas. Uma rotina estável irá ajudar-te a focar uma coisa de cada vez, com menos espaço para distrações.

Estabelece um tempo para tudo. Tenta comer, dormir, trabalhar e relaxar sensivelmente às mesmas horas todos os dias. Isto vai ajudar-te a cumprir cada uma das tuas tarefas diárias. No início pode ser difícil manter a tua rotina, mas com o tempo entras no ritmo e tudo se torna natural.

- Não sejas demasiado ambicioso – uma rotina realista é melhor que uma 'perfeita'. Por exemplo, alguns blocos de sessões de estudo de 30 minutos serão mais produtivos do que uma assustadora sessão de 3 horas.

- Dá prioridade a grandes tarefas de 'âncora', tais como dormir, comer e trabalhar. O resto do teu dia deve girar em torno destas. Anexa tarefas mais pequenas às tuas âncoras. Por exemplo: Por exemplo:

- Muitas pessoas preocupam-se que um dia estruturado seja aborrecido. A verdade é que só será aborrecido se o tornares aborrecido. Insere atividades divertidas na tua rotina e reserva algum tempo livre para que ainda possas ser espontâneo.

- Sobretudo quando estiveres a começar, anota as coisas e define alarmes. Lembra-se de definir lembretes alguns minutos mais cedo para que tenhas tempo de te preparar para cada tarefa.

Exemplo de Horário

6h30	12h	16h	18h	19h	20h	21h30
Acordar/ preparar para a escola	Almoço	Trabalhos de casa (seg-sex)	Jantar	Estudar/rever durante 30 minutos	Relaxar/ diversão/jogar/ banho	Dormir (apagar as luzes)

Reserva Tempo para Relacionamentos: Por vezes, os sintomas da PHDA podem fazer com que uma pessoa possa ser vista como indiferente e desinteressada nos seus relacionamentos, mesmo que não seja o caso. Quaisquer que sejam os teus desafios, reservar tempo para os teus relacionamentos com pais, irmãos e amigos pode ajudar.

Não te esqueças de manter os teus relacionamentos com pessoas que não vês todos os dias.

Mantém-te Organizado: A desordem é inimiga da PHDA. À medida que avanças de tarefa para tarefa, os projetos não concluídos irão começar a tomar conta do teu espaço físico e mental. Isto gera distração e uma maior probabilidade de as coisas se perderem ou serem esquecidas.

- **Cria listas de tarefas:** Começa com as tarefas mais rápidas e fáceis (a não ser que haja algo urgente) para que possas ver progresso imediato.

- **Rotina:** Desenvolve rotinas e segue-as.

- **Mantém o teu espaço de trabalho limpo:** Limpa tudo da tua secretária, exceto o que disser respeito à tarefa em que estás a trabalhar atualmente. Adicionalmente, reserva cinco minutos no fim de cada dia para arrumar.

- **Simplifica:** Livra-te de roupas velhas, papéis e tudo o resto de que não precisares no teu quarto. Se andas a guardar coisas há cinco anos porque 'um dia podes precisar', provavelmente é boa ideia despachá-las!

- **Faz isso agora:** Se surgir uma tarefa que apenas demora 30 segundos e não estiveres a fazer outra coisas importante, faz isso agora. Assim, fica fora da tua lista de tarefas e fora da tua mente para sempre.

Muda o Teu Ambiente Para Se Adequar a Ti: O que é que te ajuda a concentrar e o que é que te faz descarrilar do teu trabalho? Algumas pessoas com PHDA precisam de muita ação. Trabalham melhor em sítios vibrantes e barulhentos. Outras precisam do oposto, sem barulho, sem televisão, sem telefones – nada mais para além da tarefa em mãos. Descobre o que funciona melhor para ti e cria esses ambiente.

Precisas de barulho e atividade?

• Ouve música. Ou um podcast motivacional.

• Se o teu quarto for aborrecido, tenta animar o teu espaço de trabalho. Adiciona imagens das tuas visões e sonhos, fotos de pessoas que te inspirem e qualquer outra coisa que te mantenha motivado.

• Agenda pausas regulares para ir dar uma volta. Define um temporizador durante a tua pausa para que saibas quando deves voltar para o trabalho.

Precisas de paz e sossego?

• Se vives numa casa barulhenta, usa auscultadores para ouvir 'ruído branco' ou música não intrusiva; ou tampões de ouvidos para anular ruídos do exterior.

• Designa um espaço de trabalho na tua casa, mesmo que seja apenas um canto, e remove todas as distrações.

• Cria o hábito de não ter tecnologia desnecessária à tua disposição quando estiveres a fazer trabalhos de casa ou a estudar. Limita todas essas distrações tentadoras que tendem a distrair-te quando estás a trabalhar.

Estilo de Vida: Exercício, nutrição e sono. Sem estes elementos, terás dificuldade em assumir o controlo da tua PHDA, independentemente dos outros passos que deres. Mesmo alguém sem PHDA se tornará inquieto sem exercício e distraído sem comida ou sem dormir. Os efeitos negativos apenas são ampliados pela PHDA.

Encontra um tipo de exercício de que gostes. Mesmo uma caminhada de 30 minutos pode ter um impacto positivo na tua saúde. Fazer exercício no início do dia pode ajudar a que te sintas mais energizado e desperto ao longo do dia. O desporto é um ótimo escape. Tenta trazer equilíbrio para a tua vida entre o teu bem-estar social, académico e físico.

No que diz respeito ao sono, somos todos diferentes. Oito horas por noite são geralmente suficientes, mas algumas pessoas precisam de mais. Cria uma rotina de sono estável, mantendo a mesma hora de deitar e levantar todos os dias, mesmo aos fins de semana. Se as dificuldades em dormir se tornarem um problema, fala com um médico sobre isso.

O nosso conhecimento em relação aos alimentos que ajudam a controlar os sintomas de PHDA é menos claro, mas muitos acreditam que uma dieta com alto teor de proteína e baixo teor de açúcar pode ajudar. Todavia, é importante garantir que consomes várias refeições equilibradas todos os dias. Se sentires fome entre as refeições, procura lanches saudáveis que incluam fruta, laticínios (ou alternativas aos laticínios), produtos à base de cereais integrais e proteínas magras, como peixe e ovos. As refeições planeadas são outra ótima forma de manter uma rotina.

Dica Nº 2 da Caixa de Ferramentas
Resolução de Problemas

Xavier: Como és a resolver problemas?

Tris: Bastante mau, acho eu! Por acaso, é irritante porque em algumas coisas até me safo bem! Mas tomar decisões sobre as coisas é muito difícil.

Xavier: Concordo plenamente contigo! No que toca à minha vida pessoa, sou inútil – bem, era inútil! Agora simplesmente uso o processo de passos que a Joy me ensinou e, não sei bem como, tudo parece bem mais fácil.

Tris: Eu gosto de fazer as coisas por passos!

Xavier: O 'modelo' do processo de passos que incluí na tua Caixa de Ferramentas é muito fácil de usar e funciona para basicamente tudo. A vantagem é que, ao fim de algum tempo, vais perceber que se torna num processo automático. Mas para decisões maiores, ainda prefiro escrever tudo.

Os indivíduos com PHDA precisam de aprender a reconhecer quando estão a ter dificuldade em concluir uma tarefa ou quando se estão a começar a sentir assoberbados e não conseguem perceber por onde e como começar. Caso contrário, isso pode levar a procrastinação e tendência para evitar atividades. Dominar as competências de resolução de problemas ajuda os indivíduos a perceber como analisar e discutir um problema, em vez de evitá-lo ou recorrer a agressão verbal e física.

Safren et. al. (2005) sugere os seguintes passos na resolução de problemas:

- Definir o problema
- Gerar ideias para soluções

- Discutir prós e contras
- Decidir e planear
- Implementar
- Rever / alterar

Escrever o teu problema vai ajudar-te a organizar a informação, a vê-la de novas perspetivas e a identificar as questões mais importantes. Seguem-se os passos do processo de resolução de problemas:

1. Definir o teu problema: Deves ser tão claro e abrangente quanto possível. Se há muitas partes no teu problema, descreve cada uma delas. Um exemplo disto pode ser "Não consigo decidir se devo ir para a universidade ou se devo tirar um ano sabático." Ou então "Não consigo decidir o que fazer em relação a um colega de trabalho que me está a dificultar a vida."

DICA: Se achares difícil separar as tuas emoções do problema, tenta realizar este passo do ponto de vista de um amigo imparcial.

2. Listar todas as soluções possíveis: Gera o máximo de soluções possível, independentemente de serem mais ou menos 'fazíveis', das possíveis consequências ou de parecerem absurdas. Muitas vezes ficamos presos no que funcionou no passado, ou na primeira ideia que nos veio à cabeça. Geralmente há muitas soluções para um problema e as nossas primeiras ideias nem sempre são as melhores.

3. Avaliar os prós e contras de cada solução: Começa por excluir quaisquer soluções que sejam obviamente ineficazes ou impraticáveis. Em seguida, olha para as tuas restantes soluções e determina quais delas têm maior probabilidade de serem bem-sucedidas ao elaborá-las mais aprofundadamente. Isto pode ser feito examinando as forças e fraquezas de cada solução. Durante esta fase, poderás encontrar novas soluções, ou até descobrir que uma combinação de várias soluções é melhor que uma só ideia.

DICA: Se estiveres a ter dificuldade em pensar nos prós e contras de cada solução, faz a ti próprio estas perguntas:

- Esta é uma solução de curto ou longo prazo?
- Qual a probabilidade de eu dar seguimento a esta solução?
- Como irá esta solução afetar as outras pessoas?

4. Avaliar cada solução: Avalia os prós e contras de cada solução numa escala de um a dez, com a maior objetividade possível.

5. Implementar a melhor solução: Agora que avaliaste cada opção, olha para a que obteve a melhor classificação. Determina se é realmente essa que queres escolher. Se 'sim', então implementa-a.

6. Avaliar o resultado: Avalia a eficácia do plano. Decide se o plano existente precisa de ser revisto ou se é necessário um novo plano para melhor abordar o problema. Se não estiveres satisfeito com o resultado, volta ao passo 2 para selecionar uma nova opção ou revê o plano existente e repete os restantes passos.

Lembra-te que esta estratégia de resolução de problemas pode ajudar-te a lidar com situações difíceis, mas requer alguma prática. Por isso, da próxima vez que deres por ti preocupado com um problema real que exista no 'aqui e agora' e sobre o qual tenhas algum controlo, opta por não te preocupar com ele imediatamente. Adia-o até te poderes sentar com um pedaço de papel e tentar aplicar a resolução de problemas durante o teu tempo para pensar. É mais produtivo do que preocupares-te, vai reduzir a tua ansiedade e, no final, deverás ter um plano de ação. Segue este modelo simples:

Modelo de Resolução de Problemas

Contexto	Princípios de Resolução de Problemas/Tomada de Decisão		
	Identificação da questão/problema central:		
	Explorar:		
	Solução 1:	Solução 2:	Solução 3:
	Vantagens: Desvantagens:	Vantagens: Desvantagens:	Vantagens: Desvantagens:
	Escolhe a tua opção:		
	Age sobre a tua escolha:		
	Avalia: (faz as seguintes perguntas) De que formas é que a tua solução foi eficaz? De que formas é que a tua solução não foi eficaz? Se pudesses voltar atrás no tempo, o que mudarias na forma como lidaste com o problema? Que conselho darias a alguém que estivesse a lidar com o mesmo problema?		

Dica Nº 3 da Caixa de Ferramentas
Mindfulness

Xavier: Lembras-te de termos falado de mindfulness? Usar técnicas de respiração para ajudar a gerir a raiva? Essa é a nossa próxima ferramenta. O estado de mindfulness ocorre quando prestamos atenção ao que está a acontecer no 'aqui e agora'. Observamos as nossas emoções, os nossos pensamentos, o que nos rodeia, sem fazer julgamentos. Aplicamos este mesmo foco de atenção tanto a situações boas como más. Medo e raiva podem atingir-nos de forma inesperada e, quando não temos um plano prévio para lidar com estes sentimentos, podemos desviar-nos do nosso equilíbrio e reagir mal.

Tris: Mas eu já respiro!

Xavier: Tens razão, todos respiramos, Tris, mas precisamos de aprender a respirar de uma forma especial. A Joy usava a analogia de um 'cérebro de macaco'. Ela deu exemplos de como eu podia estar sentado na sala de aula, mas a minha mente estava em outro lugar; a jogar, ou a pensar no fim de semana, só me apercebendo de que estava a milhas quando o professor me fizesse uma pergunta e eu não soubesse responder! A questão é prestar atenção ao 'AGORA'.

Tris: O 'cérebro de macaco' acontece-me muitas vezes! É difícil fazer a cena da respiração?

Xavier: Não é que seja 'difícil', mas precisa de bastante prática. Na tua Caixa de Ferramentas, encontrarás exercícios fáceis para praticares. Sei que há aplicações de mindfulness que podes transferir para o teu telemóvel.

Pergunta sobre isso à tua mãe.

Tris: Têm música e cenas assim?

Xavier: Sim, também têm música relaxante. As crianças em idade escolar podem realmente beneficiar com esta técnica. Estudos demonstram que as crianças que praticam mindfulness concentram-se melhor e têm melhor desempenho em exames.

Ao contrário de muitas ferramentas para a PHDA, o mindfulness desenvolve as competências internas do indivíduo. Ensina-te a prestar atenção ao ato de prestar atenção e pode também tornar as pessoas mais conscientes do seu estado emocional, para que não reajam impulsivamente – um problema real para as pessoas com PHDA.

Tendo em conta que tens de respirar, por que não usar este tratamento alternativo gratuito e altamente portátil para gerir os teus sintomas de PHDA?

Os investigadores têm discutido a utilização de mindfulness para a PHDA há algum tempo, mas a questão sempre foi se as pessoas com PHDA seriam realmente capazes de o fazer, sobretudo se a hiperatividade estivesse presente. Agora sabemos que a respiração profunda pode equilibrar o sistema nervoso autónomo, o que ajuda os indivíduos com PHDA a estarem mais atentos e relaxados.

O teu Sistema Nervoso Autónomo (SNA) tem duas componentes: uma resposta de stress e uma resposta de repouso. As crianças com PHDA têm sistemas nervosos que estão desequilibrados: a maior parte das vezes, as respostas de stress e de repouso estão subativas. Mas quando a resposta de stress entra em ação para um indivíduo com PHDA, entra em alta velocidade, em comparação com os indivíduos que não tenham o distúrbio. Para que o cérebro funcione melhor, e para que sejas menos impulsivo e hiperativo, ambas as componentes do SNA têm de funcionar a um nível ótimo e no equilíbrio certo. A respiração profunda pode ajudar a atingir essas metas.

De acordo com o Dr Richard Brown, Professor Adjunto de Psiquiatra, "Coisas incríveis podem acontecer no corpo e no cérebro quando abrandamos a nossa respiração para cinco ou seis respirações completas por minuto. O coração, os pulmões e os vasos sanguíneos funcionam de forma mais eficiente, fornecendo mais oxigénio aos tecidos do corpo e do cérebro. As partes do cérebro que lidam com problemas complexos começam a funcionar melhor. As pessoas com PHDA sentem-se muito mais calmas, são mais capazes de tomar boas decisões e não ficam tão facilmente frustradas."

O que ganhas com isso?

Os adolescentes podem ver o mindfulness como não tendo nada a ver com as suas vidas ocupadas. Mas há muitas formas pelas quais adolescentes e adultos podem beneficiar de uma prática de mindfulness. Estudos demonstraram que:

- alunos que praticam mindfulness antes de um exame têm melhores desempenhos que os que não praticam;
- o mindfulness ajuda a melhorar o desempenho em testes normalizados;
- o mindfulness pode melhorar a concentração;

• o mindfulness pode ajudar com ansiedade, stress, depressão e regulação emocional (distúrbios que muitas vezes coexistem com a PHDA).

Técnicas de Respiração

Respiração Profunda: Encontra um local tranquilo onde não sejas interrompido. Fecha os olhos, relaxa olhos, pescoço, mãos e pés e faz cinco ou seis respirações completas num minuto, mantendo a tua consciência no teu movimento interior de respiração. Ouvir uma música suave, à medida que vais respirando fundo e relaxas os músculos, também ajuda. Prática:

1. Inspira lentamente. Conta mentalmente e certifica-te de que a inspiração dura pelo menos cinco segundos. Presta atenção à sensação do ar a encher os teus pulmões.

2. Retém a respiração durante cinco a dez segundos (continua a contar). Não deverás sentir-te desconfortável, mas deverá durar mais do que numa respiração normal.

3. Expira muito lentamente durante cinco a dez segundos (conta!). Faz de conta que estás a expirar por uma palha para abrandares. Experimenta usar uma palha a sério para praticar.

4. Repete o processo até te sentires calmo.

Visualização

Pensa em alguns dos teus locais preferidos e menos preferidos. Se pensares bem no local – se tentares mesmo pensar como é que ele é – poderás começar a ter as sensações que associas a esse local. O nosso cérebro tem a capacidade de criar reações emocionais com base apenas nos nossos pensamentos. A técnica de imagem usa isto a seu favor.

Certifica-te de que estás num local tranquilo, sem muito barulho ou distrações. Vais precisar de passar alguns minutos em silêncio, na tua mente. Pensa num local que seja tranquilizante para ti. Alguns exemplos são a praia, uma montanha, a relaxar em casa com um amigo ou a brincar com um animal de estimação.

Pinta a imagem desse local tranquilo na tua mente. Não basta pensar brevemente nesse local, imagine todos os pequenos detalhes. Passa por cada um dos teus sentidos e imagina o que eles sentiriam no teu local relaxante. Eis um exemplo usando a praia:

• **Visão:** O sol está bem alto no céu e estás rodeado por areia branca. Não há ninguém por perto. O mar está azul esverdeado e as ondas enrolam-se suavemente na areia.

• **Audição:** Consegues ouvir o rebentar e enrolar das ondas. Há gaivotas a gritar ao longe.

• **Toque:** Sentes o sol quente nas tuas costas, mas uma brisa suave refresca-te o suficiente para estares confortável. Consegues sentir a areia entre os dedos dos pés.

• **Paladar:** Estás a beber um copo de limonada, doce e refrescante.

• **Olfato:** Consegues sentir o ar fresco do mar, repleto de sal e aromas relaxantes.

Relaxamento Muscular Progressivo

A resposta de 'luta ou fuga' (ver abaixo) é uma resposta primitiva, automática e inata que prepara o corpo para "lutar" ou "fugir" de ataques percebidos, ameaças ou perigos para a tua sobrevivência. Uma maior tensão nos nossos músculos durante esta resposta pode levar a uma sensação de rigidez ou mesmo a dores no pescoço e nas costas. O relaxamento Muscular Progressivo ensina-nos a tornarmo-nos mais conscientes desta tensão para que possamos melhor identificar e lidar com o stress.

A ideia desta técnica é contrair intencionalmente cada músculo e depois libertar a tensão. Pratica o seguinte exercício:

Encontra um local privado e tranquilo. Deves sentar-te ou deitar-te num sítio confortável. Começando com os teus pés:

a. Contrai os músculos dos dedos dos pés, encolhendo-os. Repara na sensação de teres os pés tensos. Mantém a tensão durante cinco segundos.

b. Relaxa a tensão dos teus dedos dos pés. Permite-lhes relaxar. Repara na sensação diferente nos teus dedos depois de libertares a tensão.

c. Contrai os músculos gémeos. Mantém a tensão durante cinco segundos. Repara na sensação de tensão na zona das canelas.

d. Liberta a tensão dos gémeos e nota a sensação de relaxamento.

Segue este padrão de contrair e relaxar a tensão por todo o teu corpo. Depois de terminares os pés e pernas, avança para o tronco, braços, mãos, pescoço e cabeça.

As respostas "Luta ou Fuga"

A resposta "luta ou fuga" é uma das ferramentas que o teu corpo usa para te proteger do perigo. Quando te sentes ameaçado, a resposta "luta ou fuga" é automaticamente ativada e várias alterações fisiológicas preparam-te para confrontar a ameaça ou fugir dela:

1. Sintomas de Luta ou Fuga

- Ritmo cardíaco acelerado
- Pensamentos acelerados
- Dificuldade de concentração
- Tontura ou estonteamento
- Tremores
- Náuseas / 'borboletas no estômago'
- Respiração rápida e superficial
- Transpiração
- Músculos tensos

2. Como é ativada a resposta de "luta ou fuga"?

Mesmo ameaças ao bem-estar emocional, como o medo do constrangimento antes de fazer uma apresentação, pode ativar a resposta de 'luta ou fuga'. Nestes casos, os sintomas muitas vezes prejudicam mais do que ajudam. Um batimento cardíaco mais acelerado e a transpiração podem ajudar-te a fugir de um urso, mas não fazem muito para te ajudar a parecer calmo e seguro durante uma apresentação.

3. A resposta de 'luta ou fuga' é má?

Toda a gente passa pela resposta de 'luta ou fuga' de vez em quando, em maior ou menor grau. Geralmente, é natural, saudável e não constitui um problema. No entanto, quando a resposta de 'luta ou fuga' gera raiva, ansiedade, stress prolongado ou outros problemas em excesso, poderá ser hora de intervir.

4. Como posso gerir a resposta de 'luta ou fuga'?

Para além da resposta de 'luta ou fuga', o teu corpo pode também iniciar uma resposta de relaxamento oposta. Muitos sintomas da resposta de relaxamento contrariam a de 'luta ou fuga', como respiração mais lenta e profunda, músculos relaxados e um ritmo cardíaco mais lento. A resposta de relaxamento pode ser desencadeada usando competências de relaxamento, como a respiração profunda ou o relaxamento muscular progressivo.

Pratica uma respiração coerente quando estás calmo. Muitas pessoas dizem "Faço isso quando ficar ansioso". Isso é como esperar que a tempestade comece para depois tomar precauções, aí já seria tarde! Quando ficas irritado com o teu professor ou quando perderes o teu dinheiro do almoço, terás um avanço ao saber manter-te calmo e focado, se já tiveres praticado. A técnica torna-se uma resposta quase automática quando te encontrares em situações tensas.

"Esteja onde está, caso contrário irá perder a sua vida."

— Buda

Dica Nº 4 da Caixa de Ferramentas
Gestão do Tempo e PHDA

Xavier: A gestão do tempo é muito importante. A maioria de nós com PHDA tem uma fraca noção do tempo. Também temos dificuldade em estimar o tempo. Por exemplo, prever quanto tempo irá demorar para concluir uma tarefa. És bom a usar o tempo, Tris?

Tris: Bem, sou muito bom a desperdiçar tempo. Ando sempre a correr à última da hora para acabar os trabalhos de casa – às vezes até os faço no carro a caminho da escola. Até preparar-me de manhã é uma verdadeira luta! Algumas vezes a minha mãe teve de sair para ir trabalhar e eu tive de arranjar forma de chegar à escola, senão ela teria chegado atrasada.

Xavier: Nem me digas nada! O meu pai muitas vezes deixava-me para trás, mas felizmente não vivemos longe da escola, por isso podia sempre ir de bicicleta – mas não sabe muito bem no inverno!

Tris: Nós vivemos longe da escola, por isso ir de bicicleta não é uma opção para mim.

Xavier: Como eu disse, a gestão do tempo é uma verdadeira preocupação e uma daquelas em que por vezes ainda tenho dificuldades. O mais importante é perceber que precisas de orientação e apoio e estar aberto a usar estratégias no ambiente que tornem o tempo mais visível para ti. Por exemplo, podes usar um relógio de pulso com um alarme sonoro para te lembrar quando começar ou mudar de tarefa, praticar estimativas de tempo – aponta quanto tempo efetivamente demoras a fazer os trabalhos de casa e poderás ir para a cama a horas. A minha mãe acorda-me trinta minutos antes do que seria necessário, para que eu possa tomar a minha medicação e esta tenha tempo de fazer efeito. Depois, quando me levanto, estou mais alerta e consigo ficar pronto em pouquíssimo tempo.

De acordo com Russell Barkley, a aquisição da noção do tempo é uma competência de desenvolvimento que é significativamente retardada em alunos com PHDA. Barkley salienta que o tempo é o inimigo de toda a gente com PHDA. Segundo ele, um evento deve entrar na 'janela de tempo' da pessoa (duração limitada durante a qual algo pode ser concluído antes de ser sentida a necessidade de agir). Os indivíduos com PHDA também têm dificuldade em estimar o tempo. Por exemplo, prever quanto tempo irá durar uma tarefa. Poderão sentir-se assoberbados por uma tarefa do trabalho de casa porque não têm noção de quanto tempo será preciso para concluí-la, nem por onde ou como começar. Também não planeiam antecipadamente e, em vez disso, adiam os projetos até à véspera do prazo limite.

Estes indivíduos vivem no 'aqui e agora'. É como se tudo fosse hoje; não existe amanhã. Uma reduzida noção do tempo é um problema vitalício para indivíduos com PHDA que demonstra apenas melhoria limitada, mesmo com medicação, pelo que é essencial ajudar os estudantes a aprender competências de compensação. Castigar comportamentos inerentes à gestão de tempo de indivíduos com PHDA com isolamento ou penalização de notas não é especialmente eficaz para alterar o comportamento. O castigo pode, por vezes, provocar mais ansiedade e até mesmo piores desempenhos escolares. Uma reduzida noção do tempo contribui para os seguintes problemas (Zeigler Dendy, Chris A. 2011):

- Lentidão
- Tendência para evitar trabalhos de casa
- Conclusão tardia de tarefas nas aulas
- Incapacidade de prever quanto tempo irá durar uma tarefa
- Insuficiente aplicação de tempo para concluir os trabalhos
- Ausência de planeamento antecipado para a conclusão de projetos importantes nas aulas
- Início tardio dos projetos

Dicas Práticas para Gerir o Tempo:

- **Usa uma lista de tarefas ou um diário:** Apontar as tuas responsabilidades tem uma série de vantagens. Não só vai garantir que não te esqueces de nada, como também reduz o stress ao permitir-te libertar a mente dessa lista.

- **Define prioridades para as tuas tarefas:** Foca-te em concluir primeiro as tarefas mais importantes e mais rápidas. Se tiveres algumas tarefas a fazer que apenas demoram cinco minutos, trata delas rapidamente para teres mais tranquilidade.

- **Reparte tarefas maiores em atividades mais pequenas:** É fácil sentires-te assoberbado quando tens à tua frente uma tarefa muito grande. Repartires essas tarefas grandes em pedaços mais pequenos vai ajudar-te a começar, que é muitas vezes a parte mais difícil. Por exemplo, escrever um trabalho pode ser 'desagregado' em tarefas mais pequenas como fazer pesquisa, preparar um esquema e escrever uma introdução.

- **Limita as distrações:** Regista durante alguns dias quanto tempo passas em distrações, como redes sociais ou televisão. Depois, corta as distrações de que nem gostas muito e agenda tempo para aquelas de que gostas. Define sempre um temporizador para que saibas quando deves voltar ao trabalho.

- **Se não conseguires limitar as tuas distrações, afasta-te delas:** Se sabes que vais sucumbir às distrações, afasta-te delas. Cria barreiras claras entre trabalho e brincadeira colocando um sinal 'Não Perturbar' na tua porta, desligando o telemóvel ou indo para um café que não tenha televisão. Somos todos diferentes neste aspeto – faz as mudanças que precisares de fazer para que te possas focar.

- **Permite-te ter tempo entre tarefas:** Planeia chegar quinze minutos mais cedo a marcações ou consultas e traz algo para fazeres no caso de teres de esperar. Prever algum tempo de amortecimento irá ajudar a reduzir o teu stress quando as coisas inevitavelmente acontecerem.

- **Permite-te ser 'menos que perfeito':** Se tentares concluir todas as tarefas na perfeição, algumas das tuas outras responsabilidades não serão cumpridas de todo. Foca-te em concluir tudo a um nível aceitável e depois volta atrás para melhorar o teu trabalho se tiveres tempo.

Hum, tens razão, Xavier, esta é das grandes. Talvez a minha mãe possa ajudar-me com a minha gestão do tempo?

Sim, isso é uma ótima ideia, a minha mãe também me ajudava quando eu bloqueava!

Dica Nº 5 da Caixa de Ferramentas
Gestão da Raiva

Xavier: O meu pai dizia muitas vezes que eu era tão teimoso que até discutiria com uma porta! As batalhas de gritos eram comuns com os meus pais. De todas as emoções, esta era a que causava mais problemas na minha família.

Tris: Sim, os 'pavios curtos' arranjam-me muitos problemas. Fico zangado e frustrado e depois expludo. Estas explosões já me custaram amigos. Tenho dificuldade em controlar a minha raiva. As coisas acumulam-se dentro de mim, depois expludo como um vulcão.

Xavier: Muitos miúdos com PHDA têm dificuldades na gestão da raiva. Os especialistas acreditam que, de todas as emoções, a raiva é a que causa mais problemas às crianças com PHDA.

Tris: Sim! Percebo porque é que eles dizem isso. Não discuto nem nada, mas fico zangado com os adultos e com os meus amigos quando me sinto excluído, gozado ou tratado de forma injusta, como quando a Mrs Smart me manteve de castigo depois das aulas há umas semanas.

Xavier: Imagina um dia assim: Chegas à escola sem o teu trabalho de casa e o professor quer saber porquê. Mais tarde, não te consegues lembrar das instruções que o professor te deu para a ficha de trabalho, por isso não a acabas. Ao almoço, uns miúdos que nem conheces implicam contigo. E durante o resto do dia, chamam-te à atenção por falares fora da tua vez.

Agora, chegas a casa e encontras mais tarefas, o que significa mais coisas que podem correr mal. Já tiveste um dia difícil, mas os teus pais não sabem disso. Dizem-te para fazeres a cama, porque te esqueceste de manhã, e arrumares o teu quarto que está a começar a parecer um chiqueiro. Em vez de levares as coisas com calma, ficas assoberbado e o vulcão entra em erupção.

Tris: Meu Deus, tens uma câmara em minha casa? Isso é a minha vida!

Xavier: Não, Tris! – eu sei isto tão bem porque isto era a minha vida há quatro anos atrás! Mas agora já não é assim tão má. A Joy ajudou-me a perceber o 'ciclo da raiva' e a identificar os meus 'alertas de raiva'. Como te disse na semana passada, ainda fico zangado e isso é normal, mas este conhecimento, juntamente com a prática de mindfulness e com as competências de resolução de problemas, têm realmente ajudado a controlar melhor a minha raiva.

Tris: Nunca disse isto a ninguém, mas acho que o meu pai se foi embora por minha causa. Ele não conseguia lidar com os meus ataques de raiva. Quando me batia com o cinto, a minha mãe ficava chateada e eles discutiam. Tenho mesmo de controlar a minha raiva!

Xavier: Deve ser difícil para ti pensares que o teu pai se foi embora por causa dos teus ataques de raiva! Sugiro que, se fores a alguma consulta com a Joy ou com outro psicólogo, fales com ele/ela sobre esses sentimentos. Eu falei com a Joy sobre o meu relacionamento difícil com o meu pai e sobre o facto de ele não compreender os meus desafios e isso ajudou-me bastante.

Algumas crianças têm dificuldade em controlar as suas emoções quando estão frustradas ou irritadas. Para uma criança que tenha PHDA, os problemas são geralmente exteriorizados. Portanto, notam-se mais. Por exemplo, podes ripostas, ter mau feitio, recusar-te a seguir regras e ocasionalmente entrar em lutas na escola. Consequentemente, terás mais discussões acesas com os teus pais. Estas características também podem irritar os teus amigos, que poderão, ao longo do tempo, deixar de querer estar contigo. Os problemas emocionais, tais como o rompimento de amizades, podem ser arrasadores e podem fazer com que reajas de forma impulsiva e, mais tarde, te arrependas das tuas ações.

É também importante procurar sinais de outros problemas que possam estar a ser mascarados de raiva. Por exemplo, a agressão pode mascarar depressão em crianças. Geralmente, se fores passando na escola e a vida familiar estiver bem, é muito mais fácil controlares as tuas emoções. Um paciente relatou: "É difícil para mim controlar aquilo que digo à minha mãe, sobretudo quando ela me vai buscar à escola, quando venho desgastado depois de ter tentado manter-me controlado nas aulas todo o dia. Acho que a minha mãe entende como é difícil quando se tem PHDA e não leva a peito. Mas eu sinto-me mal."

Ciclo da Raiva

EVENTOS
DESENCADEADORES

PENSAMENTOS –
p.e. "Não é justo"

RESPOSTAS
COMPORTAMENTAIS –
p.e. Discussão, fuga

AGITAÇÃO FÍSICA – p.e.
Coração acelerado, trem-
ores

EMOÇÕES – p.e. Raiva,
frustração, culpa

Adapted from TherapistAid.com

1. Evento desencadeador: Um evento ou situação 'desencadeia' a raiva de uma pessoa. Exemplos:

- Ser repreendido enquanto estás a jogar
- Ter um dia mau na escola
- Sentires-te desrespeitado

2. Pensamentos negativos: Pensamentos irracionais e negativos ocorrem como resultado do evento desencadeador. Exemplos:

- "Sou o pior filho de sempre."
- "Os professores não gostam de mim; por isso é que implicam sempre comigo."

3. Resposta emocional: Os pensamentos negativos levam a emoções negativas, mesmo que os pensamentos sejam irracionais. Exemplos:

- Sentimentos de vergonha e culpa por ser o 'pior filho de sempre'.
- Raiva dirigida a um professor.

4. Sintomas físicos: O corpo automaticamente responde à raiva com vários sintomas. Exemplos:

- Coração acelerado
- Punhos cerrados
- Transpiração
- Tremores

5. Respostas comportamentais: A pessoa reage com base em pensamentos, sentimentos e sintomas físicos. Exemplos:

- Lutar
- Gritar
- Discutir
- Criticar
- Evitar

Consciência dos sinais de Alerta de Raiva

Por vezes, a raiva pode afetar o que dizes ou fazes antes mesmo que reconheças como te sentes. Podes ficar tão habituado ao sentimento de raiva que nem o notas; quase como o facto de ouvires o som de um rádio ou o zumbido de um frigorífico, mas o ignorares na tua mente.

Mesmo que não tenhas consciência da tua raiva, ela influencia a forma como te comportas. O primeiro passo para gerir a raiva é aprender a reconhece os teus 'sinais de alerta' de raiva, que te dão uma indicação de como te sentes.

Como reages quando se sentes zangado? Alguns desses sinais de alerta podem começar quando ainda só estás um pouco irritado, enquanto outros podem começar quando estás muito zangado. Os sinais de alerta abaixo parecem-te familiares?

Reconheces algum dos seguintes sinais de alerta em ti?

Sim/ Não	Sinal de Alerta	Sim/ Não	Sinal de Alerta
	Músculos contraídos no pescoço, nas costas ou nos maxilares		Dar murros nas paredes
	Dentes cerrados		Começar a suar
	Dizer palavrões		Tremores
	Rosto vermelho		Dar murros
	Estômago embrulhado		Ruminar
	Levantar a voz		Ficar calado, fechar-se
	Falta de ar		Andar de um lado para o outro
	Dor de cabeça		Atirar coisas
	Mente em branco		Apontar o dedo

Adapted from TherapistAid.com

Formas de Gerir a Raiva

- **Reconhece Antecipadamente a Tua Raiva:** Descobre os sinais de alerta de que estás a ficar zangado, para que possas rapidamente mudar a situação. Se já estás a gritar, provavelmente já é tarde demais. Alguns sinais comuns são sensação de calor, elevação do tom de voz, agitação de punhos, tremores e discussão.

- **Faz uma pausa da situação:** Afasta-te temporariamente e fica sozinho até te acalmares. Se outras pessoas estiverem envolvidas, explica-lhes que precisas de alguns minutos sozinho para te acalmares. Os problemas geralmente não se resolvem quando uma ou mais pessoas estão zangadas.

- **Respira fundo:** Tira um minuto para apenas respirar. Inspira lentamente. Conta mentalmente e certifica-te de que a inspiração dura pelo menos cinco segundos. Presta atenção à sensação do ar a encher os teus pulmões. Sustém a respiração durante cinco a dez segundos. Expira muito lentamente durante cinco a dez segundos (conta!). Faz de conta que estás a expirar por uma palha para abrandares. Controla mesmo o tempo, senão poderás estar a enganar-te a ti mesmo! A contagem também ajuda a distrair a tua mente da situação.

- **Exercício:** O exercício serve como escape emocional. Os químicos libertados no teu cérebro durante o exercício criam uma sensação de relaxamento e felicidade.

- **Exprime a tua raiva:** Quanto estiveres mais calmo, exprime a tua frustração. Tenta ser assertivo, mas não entrar em confronto. Exprimir a tua raiva vai ajudar-te a evitar os mesmos problemas no futuro.

- **Pensa na consequência:** Qual será o resultado da tua próxima ação movida a raiva? Discutir vai convencer a outra pessoa de que tens razão? Ficarás mais feliz depois da discussão?

- **Visualização:** Pinta a imagem daquele local tranquilo na tua mente. Não basta pensar brevemente no lugar — imagina todos os pequenos detalhes. Passa por cada um dos teus sentidos e imagina o que eles sentiriam no teu local relaxante. O que vês, cheiras, ouves, sentes e saboreias? Talvez estejas numa praia com areia entre os dedos e ondas a rebentar à distância. Fica alguns minutos a imaginar cada detalhe do teu cenário relaxante.

- **Usa o teu próprio Semáforo:**

  o Se te sentes calmo e seguro numa situação, pensa em VERDE: "Posso ficar aqui. Não há problema em continuar a fazer o que estou a fazer."

  o Se sentes que estás a ficar aborrecido com alguma coisa, pensa em AMARELO: "Devo ter cuidado aqui; estou a começar a sentir os meus sinais de alerta de raiva. Posso ficar por agora, mas se ficar mais aborrecido, vou ter de me retirar da situação." Usa as tuas técnicas de respiração e repete para ti mesmo "Tenho controlo sobre os meus sentimentos. Eu tenho escolha."

  o Se estiveres chateado, zangado ou em perigo, pensa em VERMELHO; "Tenho de sair. Agora estou zangado." "Tenho de ligar à minha mãe" ou "Tenho de ligar 112".

Dica Nº 6 da Caixa de Ferramentas
Planeamento e Organização

Xavier: Como é que te organizas, Tris?

Tris: Sou um despassarado, esqueço-me de tudo e perco tudo. Esqueço-me de fazer as minhas tarefas e até de entregar os meus trabalhos de casa completos. Quem é que faz isso? O meu quarto e a minha mochila são uma confusão total. A minha mãe ajuda-me, pelo menos uma vez por semana, a organizar as minhas coisas. Senão não consigo encontrar nada.

Xavier: Bem, não és o único; eu ainda deixo as coisas fora do sítio. Ontem a minha mãe teve de me ajudar a encontrar o meu relógio. Quase que me atrasava para a escola! Sabes onde estava? Debaixo da minha cama. E sabes o que mais estava debaixo da minha cama? Um casaco de que andava à procura há meses.

Tris: Isso quer dizer que não há nada que se possa fazer quanto a isso?

Xavier: Claro que não! Eu sou muito melhor agora a planear e organizar do que antes. As competências que a Joy me ensinou, como o uso de um diário, a prioridade nas tarefas, a rotina e ter uma plataforma de lançamento, ajudam mesmo. Às vezes ainda me desleixo, o que não é bom.

Tris: É tão estranho! Porque na maior parte do tempo, eu sei o que tenho de fazer para ser organizado. E quando o faço, as coisas correm bem, mas depois começa tudo a correr mal outra vez.

Xavier: O que a Joy me ensinou é que, muitas vezes, aquilo que dizemos a nós mesmos depois de termos errado (voltado aos nossos velhos hábitos) é que nos pode ajudar a entrar de novo nos eixos, ou levar-nos à recaída (voltar aos nossos velhos hábitos inúteis). Se vires o teu erro como sinal de fracasso, a tendência é para simplesmente 'desistir' e voltar às tuas velhas maneiras de fazer as coisas. Se vires o teu erro como um deslize e tiveres alguma compaixão por ti mesmo, então será mais fácil voltar a entrar nos eixos.

A maioria dos indivíduos com PHDA tem dificuldade em se organizar. São muitas vezes considerados como 'organizadores visuais' – isto significa que gostam de ver onde estão as coisas. "Detesto arrumar as coisas porque nem sempre me lembro onde as guardei", disse um paciente. Aprender a ser organizado requer tempo para definir e manter um sistema de organização, mas quando já se tem um sistema de organização implementado, isso reduz as dificuldades relacionadas com a sensação de sobrecarga ou perda de controlo e as oportunidades perdidas por não cumprimento de prazos ou perda de trabalhos escolares. Ser organizado ajuda a reduzir a procrastinação, a impulsividade e a distração.

A organização não implica ter a tua vida toda alinhada! Trata-se de ter sistemas que funcionem com a tua forma de pensar – sistemas que possam parecer ilógicos para outras pessoas, mas que sejam simples e fáceis de usar e que consideres apelativos e interessantes.

Nota: Não há nenhum sistema de organização no mundo que funcione se não for mantido. A definição de um sistema é apenas o primeiro passo, pois por muito bom que seja, irá falhar sem **manutenção**; a **manutenção** irá falhar sem **rotina**; e a **rotina** irá falhar sem **compromisso** e **tempo**.

Ao criar uma rotina, discute várias opções com um membro da família ou alguém do teu círculo de apoio. Se uma **rotina não está a funcionar,** pensem **PORQUÊ???** E explorem alternativas aceitáveis!

Organização na escola: Ao assumir o controlo do teu cacifo, da tua pasta ou da tua mochila, organiza os conteúdos para um fácil acesso. Começa por discutir o objetivo, não só para estar arrumado, mas também para:

- ser mais fácil encontrar coisas
- levar apenas o necessário
- ter menos preocupações de esquecer coisas
- despender menos energia mental a lembrar coisas

São aplicáveis dois princípios organizacionais: agrupar coisas semelhantes (categorizar) e tudo precisa de um lugar (onde consigas encontrar as coisas!).

Organizar a área dos trabalhos de casa:

- secretária ou mesa da cozinha
- privacidade vs. estudar com um amigo
- caixa portátil com os materiais para os trabalhos de casa (transparente) ou cesto com materiais para os trabalhos de casa que possas facilmente levar para todo o

lado

- capa ou pasta sanfonada para os trabalhos que não precisem de estar na pasta, mas que ainda assim possam ser precisos para estudar para testes/exames

- temporizador ou despertador

Manter o teu sistema de organização:

- **Diariamente:** Define um local e hora para esvaziar a mochila de trabalhos de casa, avisos, agenda e quaisquer objetos necessários para os trabalhos de casa desse dia.

- **Diariamente:** Define uma hora para verificar que colocaste tudo de novo na mochila (incluindo os trabalhos de casa concluídos) e colocar a mochila na tua plataforma de lançamento, onde estará à vista para não te esqueceres dela de manhã. Junta outros objetos que precisem de ir para a escola para projetos, desporto, música, etc.

- **Semanalmente:** Define uma hora (domingo à noite?) para rever a mochila e retirar tudo o que não for preciso e garantir que está lá tudo o que é necessário. Faz o mesmo com a secretária ou outras áreas de trabalho. Coloca os papéis que já não são precisos (mas que tens de guardar para testes, etc.) num sistema de arquivo separado e claramente identificado (pasta de arquivo, pasta sanfonada, caixa de revistas).

- **Foca-te na organização e não em criticar:** Ignora os trabalhos corrigidos ou confusos e as embalagens de comida (não te martirizes por isso).

- **O objetivo é mudar:** Mudar o 'tenho de', 'preciso de' para "Eu quero!"

Nota: Poderá demorar algum tempo, a curto prazo, para definir estes sistemas, mas valerá a pena a longo prazo. Tenta usar as estratégias de resolução de problemas e repartir as grandes tarefas em passos mais pequenos, se te sentires assoberbado pela ideia de definir sistemas. Se deres um passo de cada vez, conseguirás concluir as tarefas. Continua a monitorizar o teu progresso revendo:

- a tua utilização do calendário e da lista de tarefas

- a tua utilização das classificações de prioridades 'A,' 'B' e 'C'

- a tua utilização da resolução de problemas e a tua capacidade de repartir uma tarefa grande em passos mais fáceis de gerir

"O segredo da mudança é focar toda a sua energia, não na luta contra o velho, mas na criação do novo."

– Socrates

Dica Nº 7 da Caixa de Ferramentas
Procrastinação

Xavier: A minha preferida - procrastinação!

Tris: Esse podia facilmente ser o meu nome do meio! A minha mãe diz que eu ando sempre a fazer isso; nunca começo as coisas quando ela me diz. Ela disse que eu tenho de deixar de dizer que vou fazer amanhã! Ou que tenho muito tempo para acabar. Ela diz sempre: "Tristan, ontem disseste que ias fazer isso hoje!"

Xavier: Acho que a maioria das pessoas com PHDA tem problemas de procrastinação – no meu caso, consigo fazer algumas tarefas, mas as tarefas em que eu tenho receio de falhar ou não ter aprovação dos outros são as piores.

Tris: Sim! Sei o que queres dizer! Tenho dificuldade em começar a maior parte das coisas. Também tenho medo de falhar, mas muitas vezes só sinto que não sou suficientemente esperto ou tão bom como os outros miúdos, por isso nem tento.

Xavier: Às vezes, a minha mãe diz que eu sou um pouco perfecionista como o meu pai!

Tris: Mesmo! As crianças com PHDA podem ser perfecionistas?

Xavier: Bem, parece que sim!

A procrastinação é um comportamento humano comum, que é muitas vezes confundido com 'preguiça'. Na linguagem do dia-a-dia, as pessoas usam definições como 'adiar', 'empurrar com a barriga' e 'deixar para a última da hora'.

Para efeitos deste livro, procrastinação define-se como: Optar por adiar ou não concluir uma tarefa ou meta a que te comprometeste e, em vez disso, fazer algo de importância menor, apesar de haver consequências negativas de não concluir a tarefa ou meta original. É importante lembrar que toda a gente procrastina. No entanto, a procrastinação problemática pode ser distinguida da procrastinação mais geral pelo grau de impacto que tem na tua vida.

A parte de começar, para muitos de nós, tem a ver com a sensação de estarmos 'prontos' a três níveis:

- emocionalmente
- fisicamente
- mentalmente

Gerir os problemas de cada nível por antecipação irá facilitar o ato de dar início à tarefa, mas por vezes a ideia de preparar para trabalhar pode dar a sensação de constituir um esforço adicional e levar ao adiamento. Esta crença precisa de ser desafiada e a preparação deve ser vista como benéfica, e não como uma perda de tempo. Lembra-te dos 5Ps - Prior Preparation Prevents Poor Performance (Preparação Prévia Previne Fracos Desempenhos)

Preparação ao nível emocional: Aborda as potenciais vantagens de começar:

- Tens de fazer o trabalho de qualquer forma, por isso empatar e adiar não o fazem desaparecer
- Começar mais facilmente significa menos tempo desperdiçado e, portanto, mais tempo livre
- Conseguir trabalhar de forma independente significa menos gente a chatear (p.e., mãe, pai ou professores)
- Visualiza o que vais fazer com mais Tempo Livre!

Há mais alguma coisa que te impeça de começar? Pergunta-te a ti mesmo:

- O trabalho é razoável?
- A quantidade de trabalho é razoável?
- Como está o meu Depósito de Combustível Emocional?
- A procrastinação foi 'eficaz' no passado?

Preparação ao nível físico: Cria o teu próprio espaço de trabalho, que seja agradável e também funcional.

- Onde: A supervisão é útil/necessária?
- Assento: Mantém-te disposto a ser flexível e criativo – secretária de pé, mesa de colo, cadeira de bola, etc.
- Espaço visual: Claro e atrativo, pessoal/privado, representação visual de valores e

objetivos, etc.

- Materiais: Computador, material de escritório, relógio, temporizador, fidgets, água, petiscos

Preparação ao nível mental: Antes de poder haver aprendizagem, tens de acreditar que tens a capacidade de aprender. Qual é a tua mentalidade?

- Sentes-te confiante que tens os materiais e informações de que precisas?
- Compreendes as expetativas?
- Sentes que tens a capacidade de acabar o trabalho, ou o acesso à ajuda de que vais precisar?

Planear o tempo

- Quanto tempo será REALMENTE necessário para o trabalho em si?
- E para pausas?
- Qual é a vantagem?
- O que compõe o tempo de pausa?
- Há vantagens em planear a abordagem global?

Esvaziar a cabeça

- Certifica-te de que o teu espaço está pronto
- Tem consciência dos pensamentos negativos 'venenosos'
- Define a tua intenção: Qual queres que seja o resultado?
- Mantém um lembrete visual do teu objetivo à vista
- Usa uma técnica de respiração e um mantra (eu consigo; em breve acaba; isto está a aproximar-me do meu objetivo; estou a fazer isto pelos meus valores de educação e sucesso, etc.).

Regras e pressupostos inúteis

Uma das razões pelas quais as pessoas procrastinam é porque mantêm regras e pressupostos sobre si próprias ou sobre como o mundo funciona.

Estas regras e pressupostos inúteis muitas vezes geram algum tipo de desconforto em relação a uma tarefa ou objetivo (p.e., raiva, ressentimento, frustração, tédio, ansiedade, vergonha, depressão, desespero, exaustão, etc.). A procrastinação torna-se uma forma de evitar o desconforto da tarefa a realizar.

As regras e pressupostos inúteis mais frequentemente associados à procrastinação são:

Precisar de estar no comando: p.e., "As coisas têm de ser feitas à minha maneira. Eu não devia ter de fazer coisas que não quero fazer, ou só porque alguém me disse para fazer";

Procura de prazer: p.e., "A vida é demasiado curta para estar a fazer coisas difíceis ou aborrecidas; a diversão devia vir sempre em primeiro";

Medo do fracasso ou da não aprovação: p.e., "Tenho de fazer as coisas na perfeição, senão vou falhar ou os outros vão pensar mal de mim";

Medo da incerteza ou da catástrofe: p.e., "Tenho de ter a certeza do que vai acontecer. E se for mau? Mais vale não fazer nada do que arriscar";

Baixa autoconfiança: p.e., "Não consigo. Sou demasiado incapaz e inadequado";

Energia esgotada: p.e., "Não consigo fazer as coisas quando estou nervoso, cansado, desmotivado ou deprimido".

Consequências da procrastinação

As consequências 'positivas' da procrastinação, como alívio do desconforto em relação a ter de fazer a tarefa, sentires-te bem por teres aderido às tuas regras e pressupostos inúteis e o prazer retirado das tuas atividades de procrastinação, são todas 'compensações' que prolongam a procrastinação.

As consequências negativas da procrastinação, como mais desconforto (p.e., culpa e vergonha), preservação das regras e pressupostos inúteis, autocrítica, acumulação de tarefas, castigo ou perda, também prolongam a procrastinação. Todas estas coisas servem apenas para tornar a tarefa ou a meta ainda menos apelativas.

O Ciclo da Procrastinação

O Ciclo da Procrastinação mostra-nos que a procrastinação é como uma espiral viciosa negativa em que ficamos presos. A parte boa de um ciclo é que, geralmente, podemos revertê-lo de ciclo negativo para um mais positivo. Pode ser útil ter um plano de ação claro para o que deves fazer quando surge a procrastinação. Quando encontrares uma tarefa ou meta que geralmente te apeteceria procrastinar, coloca em prática estes passos:

- Ajusta as tuas regras e pressupostos inúteis;
- Tolera o teu desconforto;
- Afasta as tuas desculpas de procrastinação;
- Motiva-te, em vez de te criticares;
- Coloca em prática estratégias para deixar de procrastinar.

É importante perceber que a procrastinação é um hábito e, tal como com qualquer hábito, é preciso tempo, prática, persistência e paciência para passar de 'procrastinador' a 'fazedor'. Podes esperar dias em que te sentes um 'fazedor' e outros em que deslizaste e voltaste ao 'modo de procrastinação'.

A expressão que diz 'dois passos à frente e um passo atrás' é bem verdadeira. Se antecipares contratempos ao comprometeres-te a mudar a tua procrastinação, ao enfrentares um obstáculo será menos provável que te culpes e desistas.

"Quando há uma montanha a escalar, não pense que esperar a tornará mais pequena."

– Anónimo

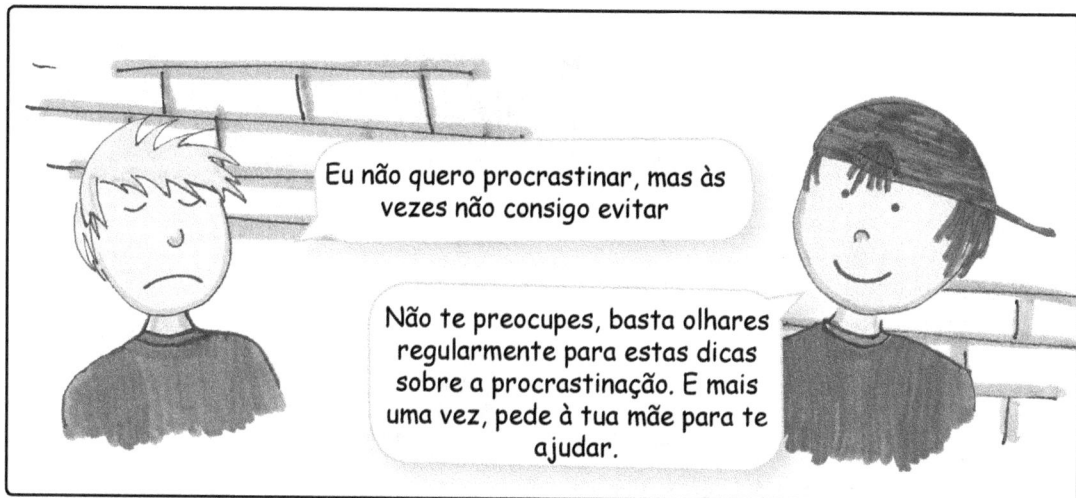

Dica Nº 8 da Caixa de Ferramentas
Lidar com o Perfecionismo

Xavier: Estamos quase! A seguir é o perfecionismo.

Tris: Então, achas que é possível ser perfecionista, apesar de se ter PHDA?

Xavier: Bem, eu achava que não, mas depois de trabalhar com a Joy e aprender mais sobre os traços do perfecionismo, consigo ver porque é que a minha mãe diz que às vezes não faz mal as coisas estarem só 'suficientemente bem'.

Uma coisa eu sei: quando eu acho que não me vou sair suficientemente bem, fico com muito medo de tentar. Às vezes não faço mesmo as tarefas. Também costumava sempre pedir que me tranquilizassem. Ainda faço isso, mas não tanto.

Tris: Então o perfecionismo não é necessariamente uma coisa boa, pois não?

Xavier: Creio que não há nada de errado em querer manter padrões elevados e trabalhar arduamente para nos desafiarmos. No entanto, não é uma coisa boa quando é levado ao extremo de impactar o teu bem-estar e levar a frustração, adiamento, preocupação e sensação de fracasso.

De acordo com o Centro de Intervenções Clínicas, a principal característica do perfecionismo é a tendência de julgarmos o nosso valor maioritariamente com base na nossa capacidade de atingir elevados padrões. Envolve a procura constante de atingir padrões extremamente elevados, apesar de isso resultar em consequências negativas devido ao estabelecimento de expetativas tão exigentes, mas ainda assim continuando com esse comportamento, mesmo com custos tão elevados.

O perfecionismo é diferente da motivação para a excelência. Aquele não permite aos perfecionistas dotados sentirem-se suficientemente bem consigo mesmos. Impede as crianças de correr riscos. Ficam com tanto medo do fracasso que evitam trabalhar, brincar e novas experiências no geral. Para cumprir os seus padrões elevados, os perfecionistas tendem a envolver-se numa série de comportamentos de perfecionismo (por exemplo, verificar repetidamente o seu trabalho para detetar erros), o que pode servir para manter crenças perfecionistas.

As pessoas geralmente não pensam nas crianças com PHDA como perfecionistas. Algumas crianças com PHDA parecem fazer os trabalhos de casa a correr sem se preocupar com os resultados. Elas podem também parecer ter dificuldade em prestar atenção a detalhes e dar seguimento a projetos ou trabalhos, mas alguns (tanto rapazes como raparigas) são perfecionistas. E isso pode ser tão difícil de gerir como outros comportamentos que as pessoas geralmente associam à PHDA.

O perfecionismo pode afetar o desempenho escolar: Uma das áreas onde o perfecionismo surge mais frequentemente é na expressão escrita. As crianças podem ficar bloqueadas na primeira linha de um trabalho e continuar a trabalhar nela até que lhes pareça 'mesmo bem'. Depois bloqueiam da mesma forma nas frases seguintes. Por causa disso, escrevem e reescrevem até estar exatamente como querem. É entediante e demora muito tempo e impede-os de concluir os trabalhos/tarefas.

O perfecionismo pode gerar frustração e ansiedade: A necessidade de fazer algo de forma perfeita pode gerar ansiedade, assim como frustração. As crianças podem preocupar-se antecipadamente em ter bons resultados num trabalho ou teste, levando a maior ansiedade. Como as crianças com PHDA tipicamente têm dificuldade em gerir as suas emoções, estes sentimentos podem ser mais intensos do que para outras crianças. Podem também durar mais tempo do que em crianças que não têm PHDA. Vale a pena salientar que, por vezes, o perfecionismo extremo pode ser um traço mais de transtorno obsessivo-compulsivo (TOC) do que de PHDA. Se o seu filho com PHDA é um perfecionista, ajude-o a colocar as coisas em perspetiva explicando-lhe quando é que bom é 'suficientemente bom'.

> *"Perfecionismo não é o mesmo que dar o nosso melhor. O perfecionismo não é uma forma de conquista saudável e de crescimento; é um escudo."*
>
> *– Brene Brown*

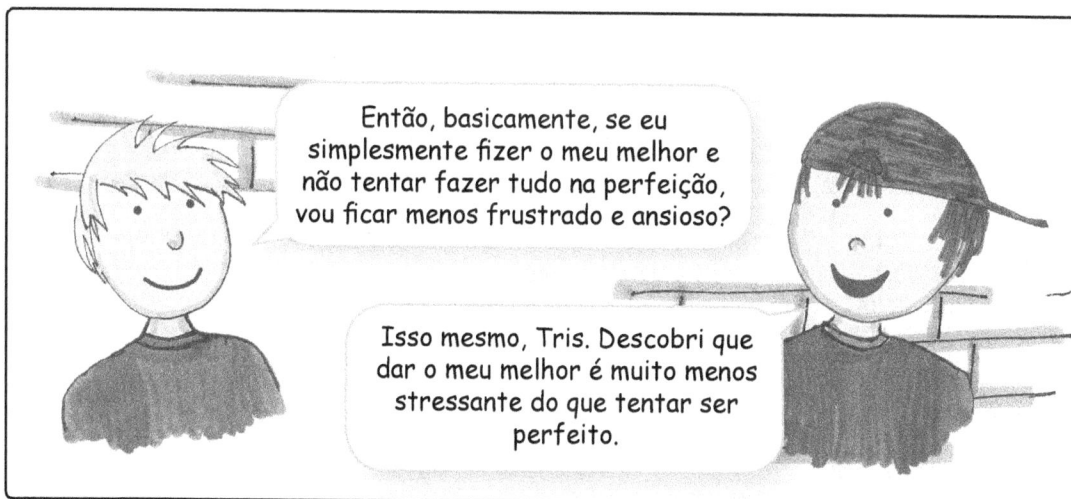

Então, basicamente, se eu simplesmente fizer o meu melhor e não tentar fazer tudo na perfeição, vou ficar menos frustrado e ansioso?

Isso mesmo, Tris. Descobri que dar o meu melhor é muito menos stressante do que tentar ser perfeito.

Dica Nº 9 da Caixa de Ferramentas
Gerar Autoestima e Confiança

Xavier: Quando fui diagnosticado aos treze anos, não tinha autoconfiança nenhuma. Sentia-me inferior aos outros miúdos e tinha sempre a sensação de que não era suficientemente bom enquanto pessoa. Ainda tenho alguns problemas de autoestima, mas estou a melhorar.

Tris: Às vezes também me sinto assim. Comparo-me sempre com os outros miúdos e depois sinto que não sou tão bom ou inteligente como eles. Mesmo quando tive aquela boa nota a matemática, era como se uma voz dentro da minha cabeça continuasse a dizer-me que tinha sido só um 'acaso', que nunca mais iria acontecer.

Xavier: Uma das muitas chamadas 'distorções cognitivas' (armadilhas racionais) que os indivíduos com PHDA fazem é a 'comparação'. Sejamos sinceros, pensar demasiado sobre o facto de alguém ser mais bonito, ter mais amigos ou ter mais sucesso que tu é uma perda de tempo e é ineficaz. Afinal de contas, o que as pessoas apresentam ao mundo exterior é, geralmente, uma versão editada da sua realidade.

Tris: Eu faço muito isso, mas principalmente na escola – sinto-me sempre inferior aos meus colegas de turma.

A autoestima geralmente refere-se à forma como nos vemos e pensamos em nós mesmos e ao valor que nos atribuímos a nós mesmos como pessoas. Se este valor for mais negativo que positivo, enfrentamos problemas de autoestima.

Uma baixa autoestima consiste em ter uma opinião global geralmente negativa sobre si mesmo, julgando-se ou avaliando-se negativamente e colocando um valor geral negativo em si mesmo enquanto pessoa.

As pessoas com baixa autoestima geralmente têm crenças negativas bastante enraizadas sobre si mesmas e sobre o tipo de pessoa que são. Estas crenças são, muitas vezes, assumidas como factos ou verdades sobre a sua identidade, em vez de serem reconhecidas como opiniões que têm sobre si mesmos. Poderão rebaixar-se, duvidar de si mesmos ou culpar-se quando as coisas correm mal. Elas ignoram as qualidades positivas e quando são elogiados, podem desprezar esses comentários ou dizer algo como "foi só sorte" ou "não foi assim tão importante".

Em vez disso, poderão focar-se naquilo que não fizeram ou nos erros que cometeram. Também poderão ter menos tendência para se defender ou proteger de bullying, críticas ou abusos por parte de colegas ou familiares. Por outro lado, poderão ser excessivamente agressivos nas suas interações com outros.

Educares-te sobre a tua PHDA é o primeiro passo para começar a reconstruir sentimentos de confiança e satisfação pessoal. Como se costuma dizer, 'conhecimento é poder'. Quanto mais souberes sobre a tua PHDA, ou qualquer outro distúrbio, e sobre como gerir os seus sintomas, mais confiante te sentirás e mais capaz de estar no controlo. As dicas que se seguem podem ajudar-te a descobrir a 'verdadeira pessoa' que poderá estar soterrada debaixo de toda a bagagem que decorre da PHDA:

- **Visualiza o teu novo eu:** Usa imagens mentais para criar uma imagem do teu novo eu. Ter melhores relacionamentos, conseguir melhores notas, ser voluntário numa organização de que gostes ou arranjar um trabalho em part-time.

- **Explora os teus valores:** Descobre o que representas na vida (o que faz de ti quem és).

- **Define metas razoáveis com base nos teus valores:** É bom ter metas e sonhos. Mas certifica-te de defini-los de forma realista e ao serviço dos teus valores.

- **Oferece-te críticas construtivas:** Quando não atingires uma meta, não te deites abaixo. Tenta perceber porque é que não a atingiste – má organização, não era realista, não te esforçaste o suficiente, etc. Usa o fracasso percebido como uma oportunidade para aprender e crescer.

- **Junta-te a um grupo de apoio:** Partilhar as tuas experiências com outros que lidam com problemas semelhantes pode dar-te novas estratégias e recursos.

- **Junta-te a grupos de 'diversão':** Procura grupos a que possas aderir, como escoteiros por exemplo, Na escola, os clubes de debates, jornalismo ou teatro podem ser interessantes para ti. Se gostas de ajudar os outros, procura oportunidades de voluntariado.

- **Começa a praticar um desporto ou hobby:** Os hobbies físicos podem ajudar-te a lidar com energia física ou mental reprimida e a redirecioná-la de formas construtivas.

- **Ter amigos:** É importante que um novo amigo te compreenda e aceite tal como és.

Se começares a mudar só para que alguém te aceite, terás dificuldade em perceber quem são os teus verdadeiros amigos.

• **Namoros:** Em relação a namoros, as raparigas com PHDA devem ter especial cuidado para não usar o sexo como ferramenta para obter a aceitação dos rapazes. Deixa que sejam os teus valores, em vez do teu distúrbio, a controlar as decisões que tomas.

À medida que a autoestima, a confiança e os sentimentos de valor próprio aumentam, eles irão alimentar-se mutuamente – força gera força. À medida que te tornares mais confiante e seguro de ti mesmo, irás sentir-te menos zangado e ansioso e mais proativo nas tuas ações.

É também importante notar que, tal como as pessoas sem PHDA, tens um grande leque de capacidades intelectuais, talentos especiais e interesses únicos. As pessoas com PHDA têm personalidades, que vão desde a alma da festa até às pessoas mais invisíveis – tal como acontece com as pessoas sem PHDA. As pessoas com PHDA podem ser viciadas em trabalho ou preguiçosas, tal como as pessoas sem PHDA.

Por isso, embora a PHDA seja uma condição clínica, quando é bem gerida não é necessariamente uma desvantagem no mundo profissional. Isto significa que, quando planeias uma carreira, trazes para a procura de trabalho as mesmas capacidades, características e competências que alguém sem PHDA. Acima de tudo, a carreira que escolheres deve dar-te uma oportunidade de maximizar os teus pontos fortes, sobretudo a tua capacidade única de olhar para as situações com criatividade e aceder aos teus níveis muito elevados de energia.

Precisas de saber o 'QUEM' (quem és) antes de poderes eventualmente saber o 'QUÊ' (o que queres). Se não for para dentro de si, ficará de fora.

– Neale Walsch

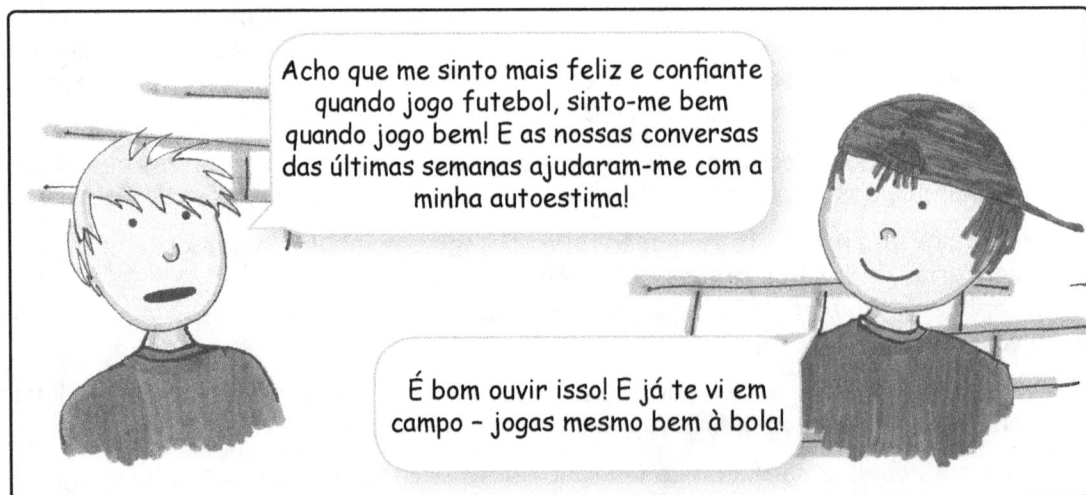

Dica Nº 10 da Caixa de Ferramentas
Estilos de Pensamento Inúteis (Armadilhas Racionais)

Xavier: Lembras-te de te contar que a Joy me ensinou o que ela chama de 'armadilhas racionais' (estilos de pensamento inúteis)?

Tris: Sim, lembro-me das comparações, que é algo que eu faço muito.

Xavier: Exatamente! Bem, esta é uma lista das 'armadilhas racionais' mais comuns em que os indivíduos com PHDA caem, mesmo na ausência de distúrbios de humor e ansiedade coexistentes.

Os indivíduos que crescem com PHDA (particularmente se não tiver sido diagnosticada) encontram contratempos mais frequentes e mais frustrantes em situações da vida – na escola, no trabalho, nas interações sociais e com a sua organização quotidiana. Por causa desses contratempos, os indivíduos com PHDA tornam-se autocríticos e pessimistas. Isto, por sua vez, faz com que sintam emoções negativas, distorções cognitivas e autocrenças pouco saudáveis. É comum os indivíduos que vivem com PHDA acharem que estão em falta quando as situações não correm bem, quando, na maioria dos casos, a culpa não é sua. Eles poderão levar o mesmo pessimismo para o futuro, imaginando que o amanhã irá correr tão mal como hoje.

Os estilos de pensamento inúteis podem tornar-se um hábito automático, algo que acontece sem termos consciência. Usar esses estilos de pensamento de forma constante e consistente pode gerar imenso sofrimento emocional. Esta ficha informativa descreve uma série de 'estilos de pensamento inúteis'. Ao lê-los, poderás notar alguns padrões e estilos de pensamento que usas consistentemente.

Segue-se uma lista de erros de pensamento comuns na PHDA, adaptados de Ramsay, Russell, J., e Rostain, Anthony, L. (2015).

- **Pensamento tudo ou nada:** Vês tudo como totalmente bom ou totalmente mau. Se não fizeres algo na perfeição, falhaste.

- **Generalização excessiva:** Vês um único evento negativo como parte de um padrão. Por exemplo, esqueceres-te sempre de entregar os teus trabalhos de casa.

- **Leitura de mentes:** Achas que sabes o que as pessoas pensam sobre tu ou sobre algo que fizeste – e isso é mau.

- **'Adivinhação':** Tens a certeza de que as coisas vão correr mal.

- **Ampliação e minimização:** Exageras o significado de problemas menores, ao mesmo que tornas triviais as tuas conquistas.

- **Afirmações 'devia':** Focas-te na forma como as coisas deviam ser, gerando autocrítica severa, assim como sentimentos de ressentimento em relação aos outros.

- **Personalização:** Culpas-te por eventos negativos e minimizas a responsabilidade dos outros.

- **Filtros mentais:** Apenas vês os aspetos negativos de uma experiência.

- **Raciocínio emocional:** Assumes que os teus sentimentos negativos refletem a realidade. Para ti, sentires-te mal em relação ao teu trabalho significa que "Estou a ter mau desempenho e provavelmente vão despedir-me".

- **Pensamento comparativo:** Medes-te a ti mesmo em relação aos outros e sentes-te inferior, mesmo podendo a comparação ser irrealista.

"Se procuras aquela pessoa que irá mudar a tua vida... Olha para o espelho".

– Desconhecido

O que achas destes estilos de pensamento inúteis?

Reconheço que penso sempre assim. Preciso de trabalhar nesta.

Dica Nº 11 da Caixa de Ferramentas
Bullying

Xavier: Embora a nossa escola tenha uma boa política em relação ao bullying e este não me pareça ser um problema, o bullying está a acontecer em muitos sítios – não apenas nas escolas. Por essa razão, eu incluí alguma informação e umas dicas sobre o bullying.

Tris: Espero nunca vir a precisar!

Xavier: Esperemos que não, mas talvez esta informação te possa ajudar a ajudar alguém que esteja a sofrer bullying. Quem sabe?

Tris: Fixe.

Bullying é quando uma pessoa magoa intencionalmente os outros com palavras ou ações. Os bullies implicam com o seu alvo vezes e vezes sem conta e pode ser difícil fazê-los parar. O bullying é diferente das divergências ou conflitos típicos que ocorrem entre amigos ou colegas. É distinto de outras formas de comportamento agressivo ao envolver três elementos:

- Primeiro, o bullying ocorre entre indivíduos do mesmo grupo etário. O bullying pode ocorrer entre jovens ou entre adultos.

- Segundo, as ações ofensivas são repetidas ao longo do tempo, pelo que se estabelece um padrão de interações entre os bullies e a vítima. Incidentes isolados que envolvam ações ofensivas entre indivíduos não são exemplos de comportamento de bullying.

- Terceiro, o relacionamento entre os bullies e a vítima é caracterizado por um desequilíbrio de poder, no âmbito do qual é difícil a vítima se defender. Força física, popularidade e idade são fatores que caracterizam o desequilíbrio de poder entre os bullies e a sua vítima (Arseneault, L., Bowes, L., e Shakoor, S., 2010).

Em suma, bullying é quando:

- A pessoa está a ser ferida, lesada ou humilhada com palavras ou comportamentos.
- O comportamento é repetido, embora possa ser um incidente único.
- É infligido intencionalmente.
- A pessoa afetada tem dificuldade em se defender do comportamento.
- Os indivíduos que o infligem têm mais poder. O poder pode ser o facto de ser mais velho, ser fisicamente maior ou mais forte, ter melhor estatuto social ou quando um grupo de estudantes se une contra alguém.

Tipos de Bullying:

Físico	Verbal	Social	Cibernético
Bater	Chamar nomes	Espalhar rumores	Partilhar fotos/vídeos embaraçosos
Dar pontapés	Gozar	Envergonhar	Enviar comentários/mensagens ofensivos
Empurrar	Fazer comentários ofensivos	Encorajar outros a excluir do grupo	Fazer-se passar por outra pessoa online
Passar rasteiras	Ameaçar		
Empurrar ou intimidar			
Danificar ou roubar pertences			

Podes acrescentar exemplos

Adapted from TherapistAid.com

Lidar com bullies

1. Fala com um adulto / Pede conselhos

Contar e fazer queixa são duas coisas diferentes. Quando uma pessoa faz queixa, só quer que a outra pessoa fique em sarilhos. Contar, por outro lado, é ajudar. Se tu ou outra pessoa estiver a ser alvo de bullying, reportar a um adulto é contar, não é fazer queixa!

Lista três adultos com quem possas falar sobre um bully

1_____

2_____

3_____

2. Não demonstres os teus sentimentos

Os bullies gostam de implicar com pessoas que possam controlar. Se um bully perceber que te consegue incomodar, tem mais tendência a voltar a atacar. Ao ignorar o bully, estás a demonstrar que não queres saber. Eventualmente, o bully vai acabar por se aborrecer por não conseguir incomodar-te.

3. Evita o bully e usa o 'Sistema do Companheiro'

Sempre que possível, simplesmente afasta-te ou evita por completo o bully. Por exemplo, faz um percurso diferente para as aulas ou finge que não ouves o bully e continua a andar. Anda com um colega no autocarro, nos corredores, no intervalo - onde quer que o bully esteja.

4. Sê assertivo e confiante

Os bullies evitam pessoas que pareçam confiantes ou seguras de si mesmas. Mesmo que não te sintas confiante, podes fingir que sim andando bem direito, respondendo com um tom de voz calmo e claro e estabelecendo contacto visual. Tenta praticar a tua resposta confiante antes de precisares dela.

5. Responde de forma neutra

Os bullies rapidamente se aborrecem com as respostas neutras. O essencial é parecer desinteressado no que o bully tem a dizer, sem lhe dar uma razão para ripostar. Respostas neutras poderão ser algo do género:

'E então?' 'Quero lá saber.' 'Talvez.' 'Isso é a tua opinião.'

Se sofreres bullying, não te sintas culpado. Ninguém merece ser alvo de bullying ou ser humilhado. É comum as pessoas sentirem-se tristes, magoadas, assustadas e confusas. Pode ser útil aprender a controlar essas reações iniciais. Lembra-te de usar a tua respiração como técnica para manter o autocontrolo.

E O MEU FUTURO?

Tu és o arquiteto do teu futuro. O facto de estares a ler este guia e a informares-te sobre o teu diagnóstico revela que estás a refletir sobre as tuas forças e fraquezas e a dar passos para te preparares para o teu futuro. Sabemos que os adolescentes com PHDA correm o risco de ter problemas potencialmente graves à medida que fazem a transição para a idade adulta. Também sabemos que cerca de dois terços dos adolescentes com PHDA continuam a sentir sintomas significativos da PHDA na idade adulta. Além disso, à medida que se tornam adultos, os adolescentes com PHDA correm maior risco de dificuldades na educação, no emprego e nas relações sociais. Contudo, são apenas riscos; não são garantias.

Com esforço e apoio, conseguirás não apenas 'ir passando' na escola, mas seguir os teus sonhos, onde quer que eles te levem. A maioria dos adolescentes com PHDA transforma-se em adultos produtivos e de sucesso e tu também podes consegui-lo! A consciência e o tratamento continuado são cruciais para que possas evitar os riscos e cumprir as metas a que te propuseres, quaisquer que sejam.

Este guia vai ajudar-te a descobrir diferentes formas de abordar cada parte da tua vida e a perceberes que não estás sozinho. Compreender, gerir e lidar com a PHDA requer grande determinação e perseverança. Mas com a compreensão vem a aceitação. A aceitação não significa que fiques satisfeito com a tua condição, apenas que a reconheces pelo que ela é.

À medida que aprendes a aceitar, em vez de lutares contra a tua PHDA, poderás descobrir que o que pensavas que eram os pontos 'negativos' da tua PHDA se podem tornar no motor que impulsiona a tua jornada para te tornares numa fonte de força, inspiração e conforto para aqueles que se sentem bloqueados ou desafiados por um obstáculo difícil.

"Quando aceitei a minha PHDA, a vida começou a mudar."
– Xavier

Glossário

Autoconfiança: Confiança nas próprias capacidades.

Baixa autoestima: Falta de confiança nas próprias capacidades.

Coach de PHDA: Uma pessoa que ajuda indivíduos com PHDA a gerir os desafios que a PHDA cria para eles e para as suas famílias.

Coexistentes: Distúrbios que existem conjuntamente ou simultaneamente.

Conselheiro: Um profissional que trabalha com as pessoas para as ajudar a compreender os seus sentimentos e a resolver os seus problemas.

Definir prioridades: Organizar e classificar atividades por ordem de importância.

Desatenção: Facilidade em se distrair e incapacidade de prestar atenção ou focar-se.

Diagnóstico: Identificação e descrição de uma condição clínica.

Efeitos secundários: Formas de a medicação afetar negativamente as pessoas.

Empatia: Capacidade de estar em sintonia com os sentimentos dos outros.

Estilos de pensamento inúteis: Tipos de pensamentos que são prejudiciais para o ego e que tornam difícil a mudança.

Estimulante: Uma classe de medicação que aumenta a atividade mental.

Grupo de apoio: grupo de pessoas com problemas ou desafios semelhantes que se reúne para partilhar informação e se apoiar mutuamente.

Grupo de colegas: pessoas, geralmente da mesma idade e do mesmo ano, que têm coisas em comum.

Hiperatividade: Quantidade excessiva de atividade e energia.

Impulsividade: Tendência para agir ou falar sem pensar nas consequências.

Modificação de comportamento: Competências, estratégias e técnicas que ajudam a gerar mudança e a alterar os comportamentos e atitudes negativas que muitas vezes acompanham a PHDA.

Multimodal: Tratamento que combina mais de um método ao mesmo tempo.

Pediatra: Médico especializado no trabalho com crianças.

PHDA (Perturbação de Hiperatividade com Défice de Atenção): Um distúrbio neurobiológico (cerebral) ligeiro a grave que é caracterizado pela incapacidade de focar, concentrar e prestar atenção por longos períodos de tempo.

Psicólogo: Pessoa que estuda como as pessoas pensam e se comportam. Os psicólogos falam com as pessoas sobre os seus sentimentos e ajudam-nas a sentir-se melhor.

Psiquiatra: Médico especializado em distúrbios da saúde mental que prescreve medicamentos para tratamento dos mesmos.

Sintomas: Características que ajudam a diferenciar e a designar distúrbios e doenças.

Suplementos: Produtos que ajudam a fornecer-te os nutrientes de que o teu corpo e o teu cérebro precisam para se manter na melhor forma.

Terapeuta: Uma pessoa que é treinada para tratar problemas de saúde físicos ou mentais.

Terapia: Processo de tratar uma lesão, doença ou distúrbio de saúde mental.

Traços: Características ou qualidades distintivas, sobretudo de personalidade.

Valores: Referem-se ao que é realmente importante para nós. Dão-nos uma perspetiva sobre quem realmente somos. Os valores são à nossa vida um significado e um propósito.

Bibliografia

American Psychiatric Association 2013, Diagnostic and Statistical Manual of Mental Disorders (DSM-5), American Psychiatric Association Publishing, Washington, D.C:

Arseneault, L, Bowes, L & Shakoor, S 2010, 'Bullying victimization in youths and mental health problems: "much ado about nothing"?' Psychological Medicine, 40, pp 717729 doi:10.1017/S00332917099991383

Ashley, Susan 2005, The ADD & ADHD Answer Book Sourcebooks, Inc. Naperville Illinois

Barkley, RA 2000, Taking Charge of ADHD The Guilford Press, New York, NY

Barkley RA & Murphy, KR 2006, Attention deficit hyperactivity disorder: A clinical workbook 3rd edn, Guilford Publications. New York

Barkley, RA & Murphy, KR 2011, 'The nature of executive function (EF) deficits in daily life activities in adults with ADHD and their relationship to EF tests.' Journal of Psychopathology and Behavioral Assessment.

Bernstein, G & Layne, A 2004, 'Separation anxiety and generalized anxiety disorder.' In J Wiener and M Dulcan (eds) Textbook of Child and Adolescent Psychiatry 3rd edn, American Psychiatric Publishing, Arlington, VA

Brown, TE 2005, Attention Deficit Disorder: The unfocused mind in children and adults. Yale University Press, New Haven

Brown, TE 2016, ADHD in girls and boys: Is it different? Understood. org

Brown, TE (ed) 2000, Attention deficit disorders and comorbidities in children, adolescents and adults. American Psychiatric Publishing, Inc, Arlington, VA

Centre for Clinical interventions: Perfectionism Behaviours; Psychotherapy Research and Training: <www.cci.health.wa.gov.au>

Chan, E, Ugenia, M, Rappaport, M, Leonard, A & Kemper, K 2003, 'Complementary and Alternative Therapies in Childhood Attention and Hyperactivity Problems.' Journal of Developmental & Behavioral Pediatrics, February 2003, vol 24, issue 1, pp 4-8

Dodson, W 2018, ADHD in Exile: When the Shame of Living with a Disorder Is Worse Than the Disorder Itself. <www.additudemag.com/slideshows/adhd-and-shame>

Jones, HA, Raggi, VL & Chronis-Tuscano, AM 2006, 'Evidence-based psychosocial treatments for children and adolescents with attention-deficit/hyperactivity disorder', Clinical Psychology Review, 26. 486-502. 10.1016/j.cpr.2006.01.002.

Kadesjo, B & Gillberg, C 2001, 'The comorbidity of ADHD in the general population of Swedish school-age children.' Journal of Child Psychology and Psychiatry May; 42 (4): 487-92.

Meyer, Harold. 6 Steps to a Thorough ADHD Evaluation, <www.additudemag.com/download/>

Pelham WE, Burrows-MacLean L, Gnagy EM, Fabiano GA, Coles EK, Wymbs BT, Chacko A, Walker KS, Wymbs F, Garefino A, Hoffman MT, Waxmonsky JG& Waschbusch DA 2014, 'A dose-ranging study of behavioral and pharmacological treatment in social settings for children with ADHD.' Journal of Abnormal Child Psychology doi: 10.1007/s10802-013-9843-8

Peterson, BS, Pine, DS, Cohen, P, & Brook, JS 2001, 'Prospective, longitudinal study of tic, obsessive-compulsive, and attention-deficit/hyperactivity disorders in an epidemiological sample.' Journal of the American Academy of Child and Adolescent Psychiatry, 40, 685-695.

Price, A 2017, He's not lazy: empowering your son to believe in himself, Sterling Publishing Co, New York, NY

Silver, LB 1999, Dr Larry's advice to parents of children with ADHD, Three Rivers Press, New York, NY

Solanto, MV 2011, Cognitive-Behavioral Treatment of Adult ADHD: Targeting Executive Dysfunction. Guilford Press, New York, NY

Stallard, P 2005, A clinician's guide to Think Good – Feel Good: Using CBT with children and young people, Wiley, Milton, Qld

The Royal Australasian College of Physicians 2009, Australian Guidelines on Attention Deficit Hyperactivity Disorder, RACP, Sydney, NSW

Understood team, ADHD and perfectionism. What you need to know <www.understood.org>

Young, S & Smith, J 2017, Helping Children with ADHD: A CBT Guide for Practitioners, Parents and Teachers, Wiley-Blackwell, Hoboken, NJ

Zeigler, CA, Zeigler, D & Zeigler, A 2003, A Bird's Eye View of Life with ADD and ADHD: Advice from young survivors. 2nd edn, Cherish the Children, Cedar Bluff, Alabama

Zeigler Dendy, CA 2011, Teaching teens with ADD, ADHD & executive functioning deficits: a quick reference guide for teachers and parents. 2nd edn, Woodbine House, Bethesda, MD

Recursos: Sites úteis

Additude: http://www.additude.com (um site orientado para o consumidor, concebido para fornecer informação atualizada a crianças e adultos com PHDA e outras dificuldades de aprendizagem). Os recursos incluem: artigos, críticas de livros, webinares, blogs e muito mais.

Attention Deficit Disorder Association (ADDA): http://www.add.org

Gestão Comportamental: http://www.disciplinehelp.com

Centre for Clinical Intervention: www.cci.health.wa.gov.au

CHADD: http://www.chadd.org – este site tem fichas informativas, estudos de investigação e links para outros serviços.

Desvios de conduta: http://www.conductdisorders.com – fornece recursos e informação sobre Perturbação de Oposição e Desafio (POD), Desvio de Conduta (DC) e PHDA.

Healthtalk: PHDA http://www2.healthtalk.com/go/adhd

National Centre for Learning Disabilities – http://www.ncld.org

National Institute of Mental Health (NIMH) – http://www.nimh.nih.gov

TherapistAid.com

Understood: www.understood.org

WebMD and ADHD Health Centre – http://www.webmd.com/add-adhd

Recursos úteis

Associação Portuguesa da Criança Hiperativa: https://apdch.net

Associação que pretende prestar informação e apoio a famílias e professores. Fornece artigos variados, atualizações no campo da investigação e apoio psicopedagógico.

Associação de Apoio à Criança Hiperativa: https://www.facebook.com/pages/category/ Nonprofit-Organization/Associa%C3%A7%C3%A3o-de-Apoio-%C3%A0-Crian%C3%A7a-Hiperativa-1070824016314366/

Associação de apoio a crianças com PHDA e suas famílias, que organiza eventos de convívio e workshops, promovendo a consciencialização e uma melhor compreensão do distúrbio.

Sociedade Portuguesa de Défice de Atenção (SPDA): https://spda.pt

Uma associação de profissionais com interesse em desenvolver atividade na área da PHDA. Disponibiliza artigos de investigação e promove eventos no âmbito profissional.

Congresso Nacional PHDA: https://www.facebook.com/Congresso.Nacional.PHDA

Debate único, a nível da comunidade científica mundial, sobre a PHDA numa perspetiva multidisciplinar, aberto tanto a profissionais da comunidade médica, como a pais e educadores. Organizado pela SPDA.

DAH! Associação de Défice de Atenção e Hiperatividade: https://www.dah-a.com

Associação formada por portadores do distúrbio, familiares, amigos e técnicos envolvidos de forma direta com a PHDA. Proporciona acesso a artigos diversos, legislação, materiais didáticos e organiza ações de sensibilização e workshops.

Clube PHDA: www.clubephda.pt

Um projeto de empreendedorismo social, apoiado pela CUF, orientado para pais, professores e cuidadores que fornece conselhos de especialistas.

NOTAS

NOTAS

NOTAS

NOTAS

www.ingramcontent.com/pod-product-compliance
Lightning Source LLC
Chambersburg PA
CBHW080626030426
42336CB00018B/3093